大統領の英語

松尾弌之

講談社学術文庫

プロローグ

「アメリカは,その時代にもっともふさわしい大統領を選ぶ」というアメリカの言い伝えがある。国民の投票によって選ばれる大統領は,たしかにその時代の要請を背負い,時代の思潮を体現して誕生する。大統領の思想も,政策も,行動も,そして言葉も,時代の気分を反映する。このことを,ノースカロライナ大学でアメリカ史を教えるウィリアム・ルクテンバーグ教授は次のように言う。

> We cannot expect our Presidents to rise very far above the level of thought in the political culture.
> (政治文化のなかにある思想のレベルをはるか超えたところに大統領がいるなどということは,あり得ない)

皇帝や国王などの元首は,国民の意識をはるかに超えた次元でものごとを考え,遠い未来を見据えた政策を遂行することなども可能である。しかしアメリカの大統領は,4年に1回選出される大衆の代表にすぎな

い。選挙民の思想のレベルや時間の枠をはるかに超えては仕事が成り立たない。また,はるかに超えてしまった人物は,大衆から選出され得ない。

初代大統領ジョージ・ワシントンに対してなんと呼びかけたらよいか,人々が論議していたときのことである。一国の首長なのであるから,Your Highness はどうかとか,Your Excellency でよいのではないかとか,あるいは選出された首長なのだから,Your Elected Excellency はどうかなどという珍案まで出されていた。結論が出ないまま直接本人に聞きただすことになって,当時首都となっていたニューヨークにワシントンが入る直前に使いの者が出された。使者から話を聞いた大統領は,大げさな呼びかけをすべて排除して,「ミスターでよいではないですか」と即座に言ったという。以来大統領に対しては,「ミスター・プレジデント Mr. President」と呼びかけるならわしとなり,大統領に対する正式の呼称となった。

ミスターとは,ごく普通の人間に対する呼びかけである。Doctor (Dr.) とか Reverend (Rev.) とか Professor (Prof.) などという呼称のほうが,よほど偉そうに聞こえる。要するに大統領は普通の人なのである。少なくともその精神においては,国民大衆の仲間である。そのため大統領のスピーチは,「my fellow Americans」あるいは「my fellow citizens」と

いう言葉をもって始まることが多い。

　したがって，大統領について知ることは，大統領を選んだ普通の国民について知ることである。各大統領の個性を通してその背後に見ることができるのは，大統領の生きた時代の民衆の思想である。そして民衆の意思の集約点にある大統領は，わかりやすい言葉で時代そのものを語っている。大統領の言葉を検証するときに，私たちはその時代の人々の夢と，理想と，そして欲望にふれ，言葉を紡ぎ出した時代精神を味わうことになる。

　現代のアメリカはグローバル化する世界をリードし，テロに対する世界的な戦いを挑むなどして，目の離せない状況にある。アメリカのやり方に賛成するかしないかはともかくとして，流動的な世界のなかで動くアメリカとその大統領が発する言葉は，一度はふれてみなければならない世界であろう。そこから透けて見えるのは，おごり高ぶった傲慢なアメリカの姿だけではない。アメリカという名前の近代社会と，そこでくらす民衆の姿も透けて見えるはずである。近代は輝かしい側面をもつ一方，輝きの陰にひそんでいる人間の物質的欲望や，権勢欲といった「業」のようなものもはらんでいる。大統領の英語は，あるときは輝きを放ち，あるときは影の部分を強調しながら，私たちにアメリカの栄光とアメリカの苦悩の両方を指し示して

くれる。

　本書を通してふれていくのは，ケネディ以降の現代アメリカの心と言葉である。紙数の都合でジェラルド・フォード大統領についての記述は割愛せざるを得なかったが，若々しくさっそうと登場したケネディから始まって，ジョンソン，ニクソン，カーター，レーガン，ブッシュ（父），クリントン，そしてブッシュ（子）という陣容である。また第1章では大統領の発する言葉についての導入的な話を展開し，本書の最後の部分にはエピローグとしてまとめをつけた。

　私たちと同時代を生きた大統領の息吹にふれ，その言葉に接するとき，アメリカの光と影はけっしてアメリカだけのものではないことにも気がつくはずである。それは近代世界そのものがかかえこんでいる晴れがましさと後ろめたさなのであり，日本の私たちとて例外の場所を与えられているわけではない。

　また私たちの置かれた状況は，好き嫌いとは関係なく英語に接していかなければならない世界である。しかし英語を単なる技術として受け取るときに，精神の貧困はおろか英語技術そのものの堕落が始まる。日本の英語教育の問題点はこの辺にあるが，それはともかくとして近代の晴れがましさと後ろめたさを内包する大統領の英語にふれることによって，私たちの英語にさらなる奥行きが生まれることを願うしだいである。

目　次

プロローグ ……………………………………………… 3

1　大統領の英語への招待 ……………………………13

大統領は語りかける／大統領の言葉の輝き／国民が選んだスター／必要とされるスピーチ能力／雄弁への期待／娯楽としての説教／戦争中も行われる遊説／言葉が主役の大統領選／平明, 明快こそ真の言葉／文章語を口語に合わせる／嫌われる big word／強烈な歴史意識／名言を生むレトリック／大統領の英語が話されるとき

2　ケネディ——リズム感に富む名文 ………………49

とびきりの名文／新鮮な言葉を待つ国民／ケネディ演説の秘密／シンプルな表現, 強い迫力／歯切れのよい理想主義／就任演説(1961)

3　ジョンソン——壮大なレトリック ………………83

大ぶろしき, ジョンソン／体格, 自我, 表現ともにビッグ／弱者へのやさしいまなざし／貧困のなかで育つ／思いやりに満ちた言葉／貧困に

対する戦争の宣言(1964)／公民権法案提出に際して(1965)

4 ニクソン——言い訳がましい文体 ……………119

　1節にIが4回／悪名高いチェッカーズ・スピーチ／ファイターにして小心者／帝王？　ニクソン／ウォーターゲート・テープ／ニクソンのパラドックス／大統領辞任の発表(1974)

5 カーター——率直さと細かさ ……………………161

　ピーナッツ・ファーマーの英語／飾り気のない表現／高校の先生の教え／安心できる「ふつうのアメリカ人」／細部にこだわる／格調高いスピーチも／国民の自信喪失について(1979)

6 レーガン——巧みな物語の語り手 ……………207

　尊大さはかけらもない／語りの英語としてのレーガン英語／偉大な話し手／アメリカ的庶民性／語りの技術／減税の訴え(1981)

7 ブッシュ(父)——優等生の限界 ………………249

　忍従の大統領／劇的な世界変動にみまわれる／別荘地の出来事／半数が戦争に反対／ペルシャ湾における同盟軍の軍事行動の発表(1990)

8 クリントン──21世紀への橋渡し ……………285

僕は大統領になるんだ／変革の旗振り役／ポピュリストのクリントン／ラッキー・ボーイ／もっていた歴史感覚／ウィリアム・クリントン大統領 第2回就任演説(1997)

9 ブッシュ(子)──父親を継いだ男 ……………331

背伸びをする大統領／あぶない英語／民衆の英語／イングリッシュ・ペーシェント／先週末をもって成熟した／9月11日事件直後の演説(2001)

エピローグ ……………………………………365

あとがき ……………………………………391

大統領の英語

1　大統領の英語への招待

大統領官邸であるホワイトハウス。名称はその白い外観に由来する

大統領は語りかける

　アメリカ合衆国の首都ワシントンの中心部に,「国立古文書保存館 National Archive」がある。大切な歴史上の文書などが保存されているのだが,階段を上ってたどりつく正面の大広間中央に,防弾ガラスの容器に入ったいわくありげな文書が展示されている。アメリカの独立宣言の原文である。説明にいわく,「アメリカの由来を語るこの貴重な文書は,首都に核攻撃などがあった場合に瞬時にして地下数千フィートの格納庫に納まるしくみになっている」。このように大切に保管されている独立宣言は,アメリカ建国の父のひとりトマス・ジェファソン (Thomas Jefferson, 在職 1801—09) の手になるもので,アメリカ人なら誰でも知っている次の言葉が記されている。

　　We hold these truths to be self-evident: that all men are created equal, that they are endowed by their creator with certain inalienable rights, among these are life, liberty and the pursuit of happiness, that to secure these rights governments are instituted among men.
　　(以下に掲げる真実は自明のこととわれわれは考える。すべての人間は生まれながらにして平等であること。すべての人間は奪うことのできない権

利を創造主によって与えられていること。その権利には生命，自由，幸福追求の権利などがあり，このような権利を確実なものにするために，人々のあいだに政府がつくられた）

1776年のアメリカの独立に際して発布されたこの文書はさらに続けて言う。

Whenever any form of government becomes destructive of these ends, it is the right of the people to alter or abolish it, and to institute new government...
（政府の形態がこうした〔権利擁護の〕目的を損なうものになったときには，民衆は政府を改変するか廃止し，新しい政府をつくる権利を有する……）

アメリカの第3代大統領となったトマス・ジェファソンのこうした言葉は，当時としては極めて革新的なものであった。従来の考え方では，幸福や生命の安全などのもろもろの人間の権利は，神の代理である国王が父親のような慈愛をもって与えてくれるのであり，そうした王の庇護のもとで民衆の幸せが成り立つのであった。ところがジェファソンの時代にヨーロッパで

啓蒙思想がさかんになり，発想は180度転換する。
　ジェファソンをはじめとする建国の父たちは，啓蒙思想の精神をふまえて，幸福の追求などはすべての人間にもともと自然にそなわった自明の権利ととらえたのである。また人間の幸せをはばむような政府機構は，つぶしたり改変できるとしたのも目新しかった。神様や王様が背景に退いて，人間が表に登場したわけだが，こうした新しい考え方がジェファソンの言葉や，さらには合衆国憲法の言葉を生み出したのであった。人々は「自らの幸せは自らの手でしか入手できない。神様や王様にたよることはできない」と告げられて，それがアメリカ独立革命の精神的エネルギーを生み出した。
　防弾ガラスのなかから語りかけるジェファソンの言葉は，アメリカの歴史を通じて今日に至るまで，しがらみにとらわれない生き方を提案し，大胆な社会変革や政治上の改革を実現する勇気を与え続けてきたのである。
　現代になってアメリカがさまざまな困難に直面した際に，ジェファソンと同じように強力な精神上のリーダーシップを発揮して人々の記憶に残っているのが，ローズベルトとケネディという2人の大統領である。2人は同じように「名言」を吐いて国民を鼓舞することになった。

1929年からアメリカの経済は急速に悪化して経済恐慌が発生し，産業は停止状態におちいり，全国には1000万人以上の失業者があふれていた。経済の回復が望めずアメリカは全体として自信喪失の状態にあったなかで，大統領に就任したのがフランクリン・ローズベルト（Franklin Roosevelt，在職1933—45）であった。同大統領は「ニューディール」と呼ばれた一連の経済対策や福祉政策を矢継ぎ早に実行して，経済回復の希望をもたらした。その就任演説は国民を勇気づけたものとして著名だが，なかでも「恐れなければならないのは恐れの気持だけだ」として，心理面の指摘を行ったくだりが有名である。

　　Let me assert my firm belief that the only thing we have to fear is fear itself—nameless, unreasoning, unjustified terror which paralyzes needed efforts to convert retreat into advance. In every dark hour of our national life a leadership of frankness and vigor has met with that understanding and support of the people themselves which is essential to victory.

　（恐れなければならないのは恐れの気持だけであるという私の固い信念を述べておきたい。名もなく，理性もなく，理由もない恐怖心は，一歩の後

退を前進に変えるに必要な努力を麻痺させてしまいます。我が国が経験したあらゆる困難な時期に、率直で活力をもったリーダーが現れて国民の心理を理解し、勝利のために必要な民衆の支持を得てきたのです）

　経済現象の根底には人間の心理が基盤として存在し、その心理状態しだいで経済の状況が変化し得るという点について、この時代に見透していたというのはさすがである。

　1961年早々にふたたび国民を鼓舞したのが、ジョン・ケネディ大統領であった。旧ソビエト連邦を中心とした共産主義諸国との対立のなかで、何かと息苦しい気分のなかにあったアメリカ国民に対して、若さとエネルギーに満ちあふれた大統領は、国家の元首としては逆説的なことを言って国民を奮起させた。就任演説のなかで、国家や組織などに依存することをやめて、みずからが積極的にものごとに参加することの大切さを訴えたのであった。それは、自らの運命は自らの努力によって切り開いていかざるを得ないという、いにしえの言葉の再確認であった。

　　And so, my fellow Americans: ask not what your country can do for you—ask what you can

do for your country.
(そこでアメリカの皆さん，国が自分に何をしてくれるだろうかと聞いてはなりません。国のために何をなすことができるだろうかと，自らに問いかけていただきたい。)

　こうした参加の精神は，ケネディによる平和部隊の創設につながっていった。構想が発表されると何千人ものアメリカの若者たちが立ち上がり，世界の奥地に出かけていって教育活動や福祉活動に汗を流すことになった。
　ケネディは 1963 年の 11 月に暗殺されてしまうが，その半年前にドイツのベルリンを訪れている。そしてここでは人間の自由を勝ち取るために「自分もまた一市民として参加する」という決意を表明したのであった。当時のドイツは西と東に分断されており，ベルリンは共産主義の海に浮かぶ孤島のような状況におかれていた。きびしい冷戦状態のなかで生活の不自由も多く，忍耐をもって平和を守り抜く必要があったが，ケネディがベルリン市民を前に行った演説は，ベルリンを越えて全世界に感銘をもたらした。東西の分断で苦しむのはベルリン市民だけではなく，アメリカもまた苦しみのなかに自由を希求しているとして，次のように締めくくったのである。

All free men, wherever they may live, are citizens of Berlin, and, therefore, as a free man, I take pride in the words *"Ich bin ein Berliner."*
　　(すべての自由な人間は，世界のどこに住んでいようとも，ベルリンの市民であります。私もまた自由な人間として，誇りをもって「私は1人のベルリン市民です」と言いたい)

　ケネディ大統領はこのあとベルリン市民から嵐のような拍手をもって迎えられることになる。「イッヒ・ビン・アイン・ベルリーナ」というたどたどしいケネディの言葉は，その後長きにわたってベルリンやドイツの人間たちを勇気づけた。それは1960年代から70年代にかけてのことであり，アメリカと，ケネディと，自由とが輝いていた時代のことであった。

大統領の言葉の輝き
　アメリカの大統領が口にする言葉，そこには見のがすことのできないある種の輝きがあり，言葉を口にする側にもそれを聞く側にも一種の精神の高揚がかもし出される。
　ジョン・ケネディの就任演説は，さっそうと現れた若々しい大統領にふさわしいスタイルをもち，国民をいやがうえにも鼓舞するものであった。リチャード・

ニクソンのスピーチは，多極化する世界情勢をふまえて苦悩するアメリカの言葉ではあったが，それでも大国の気概とでもいったものにいろどられていた。ジミー・カーターの人道主義の色濃い外交演説は，結果はともかくとしても純粋な精神性とでもいったものがうかがい知れ，それなりに格調の高いものであった。

このような大統領の言葉のもつ輝かしい側面というのは一体いかなる理由で生まれてくるのだろうか。アメリカは世界の大国であるがゆえに，それだけの意気込みと責任を感じ，大統領としては大上段にかまえて言わざるを得ないというのだろうか。しかし，それはあまりにも表面的で一方的な説明であろう。大統領の英語の晴れがましい性質は，むしろ国内的な理由があると考えるほうが自然である。むしろ大統領の言葉の輝きは，アメリカの政治権力の構造上の特質と，アメリカの文化がかもし出すある期待感ゆえに生まれる。

たとえば，独立直後のアメリカのことを考えていただきたい。わずか13州から成る小国で，人口はせいぜい300万人にすぎなかった。世界における影響力を云々するにはほど遠く，ひょっとするとつぶれてしまうかもしれないといった程度の国にすぎなかった。独立をもぎ取った相手国のイギリスは，何だかんだと理由をつけて新大陸の各地にイギリス兵を駐屯させたまま，アメリカの再支配をねらってさえいたのである。

それでも、その新興の弱小国の大統領たちは次から次へと名言を吐いたのであった。「Among the vicissitudes incident to life no event could have filled me … (人生のさまざまな経験のなかで最も大きな出来事……)」で始まる初代大統領ジョージ・ワシントンの就任演説は歴史に残る名演説とされ、アメリカの小学生なら一度は読まされているはずである。ワシントンは戦略家としてはすぐれていたが、特に深い知性をもち合わせていたわけではなかったし、機知に富んだ文章をつくることで有名だったわけでもない。それでも歴史に残るスピーチをものした。

　2代目のジョン・アダムズ、3代目のトマス・ジェファソン大統領にいたると、もともと達意の文章家として知られていた人物であったから、彼らの演説や公の席でのステートメントが多大の感動をもって迎えられたのは当然であった。ジェファソンは、「Let us, then, fellow citizens, unite with one heart and one mind.」として、全国民一丸となって国づくりにあたろうと呼びかけて、当時の人々を発奮させた。そして、この傾向は独立間もない頃の大統領の言葉だけに見られるのではなく、200年に及ぶこの国の歴史のなかに一貫して見られることなのである。どんなに無能呼ばわりされた大統領（ハーディング大統領は何もしないで昼寝ばかりしたと言われているし、クーリッジ

大統領は Business of this country is business＝この国のやることは経済界にまかせる，と言って政府としては何もしなかった）といえども，発言するときにはいかにもまぶしい威光のようなものを背負っている。

国民が選んだスター

　その晴れがましさは，1つには国民の声の集合体として大統領の声があるという政治のしくみに理由がある。「民の声は天の声」なのであるが，天まで上りつめた1人の民の声には一種の輝きがあって然るべきということなのであろう。

　大統領が国民の総意の頂点に立つとされる理由は，人々によって直接選出されるゆえである。詳しく言えば，これは正確ではなく，本当は州ごとに大統領選出人を選び，その頭数の多いほうの政党からの立候補者が当選するというしくみになっている。しかし実際に投票所に赴いて一票を投じる者としては，選出人のことなどは念頭になく，政党の支持する大統領候補のことだけを考えることになる。

　つまり，ほぼ直接的に大統領は国民の手で選ばれる。国民にとっては，言わば手塩にかけた大統領である。親近感が生まれ，自分たちの代弁者と考えがちというのも当然のことであろう。

　こうした国民と大統領の直接的かかわり合いのよう

なものは日本には見られない。日本の場合は議院内閣制であるから、行政府の長は議員同士の互選で決められる。当然議員同士の話し合いや妥協、協力関係が成り立って首相が生まれるのだが、そのような現場の状況にうとい大部分の国民の目からすれば、不透明な部分が多くなりがちだし、何よりも自分たちの手の届かないところで首相が決まるという印象をもちがちである。

その点アメリカの大統領は文字通り「我らが大統領」である。しかも合衆国議会とは完全に別の政治的生き物である。

議会も国民の手で選ばれた組織ではあるが、これは人数が多い。上院は 100 名、下院は 450 名を超えるから、国民としては自分を投影してしまいがちなのは、どうしても個人の顔をもった大統領ということになる。

必要とされるスピーチ能力

議会とは別経路で生まれた政治的生命体であるがゆえに、大統領は議会に対しては大変に気をつかうことになる。国民の声の代表である大統領は、国民のもう1つの声の代表集団に対して絶えず気くばりをする、というよそ行きの関係がある。たとえば国家的な重要事項について発表するときには、上院と下院を合わせ

た合同会議の席上で行ったりする。重要法案を提出するときには，これまた自ら議会に出向いていってアッピールする。普通はテレビカメラが入っていて，アッピールは同時に全国にも流される。重大事件の折には，議会の指導的人物をホワイトハウスに招いて相談をする。

2つの生命体は仲よくしたほうが生産性が高い。議会と折り合いのよい大統領は，提出する法案を通してもらえる可能性が高いので行政府としての仕事がはかどる。反対に議会と反目し合う大統領は，議会の抵抗によってほとんど仕事ができないと言っても過言ではない。だからこそ歴代の大統領は，議会との協力的な関係をつくることに労を惜しまなかった。ケネディがジョンソンを副大統領に選んだのは，1つにはジョンソンが議員生活30年以上の大ベテランで，議会の大ボス的存在だったからである。ジョンソンを取り込んでおけば議会操作もやりやすいと考えた。

議会と大統領のあいだには「ハネムーン期間」というのがある。新しい大統領が出現したての頃は，議会としても大統領の人柄や政策が不明に近いし，何よりも「良好な関係は保つべきだ」という気持があるから，たいていの言い分を聞いてしまう。あれが欲しいこれが欲しいと新婚ホヤホヤの嫁さんがねだるときには，ついつい買い与えてしまう夫みたいなものである

(予算決定権は議会にある)。そこで、このハネムーン期間にたくさんのおねだりをした大統領はたくさんの業績を残し、あまり提案をしなかった大統領は結局はさほどの業績を残さずに任期を終えるという傾向がある。ハネムーンというのは3ヵ月から6ヵ月くらい続くことになっており、その期間が過ぎると議会と大統領の関係は急速に悪化するのが常である。1930年代のニューディールのときも「最初の100日間」でほぼ全政策が出そろったし、ケネディも the first 100 days に提案すべきことはすべて出しつくそうとした。

大統領が議会に対して語りかけるときには、もちろん議会の向こう側にいる国民を意識しなくてはならないが、当面の相手としては口うるさい議員たちである。8割以上が弁護士であると言われる議員集団を説得し、場合によっては感動の一つもさせないことには法案が通過しない。そこでレトリックにも力が入るわけである。単に事実を並べたり、熱意のこもっていない話をするわけにはいかない。大統領は能力の限りをつくして、言葉のうえでも内容的にもすぐれたスピーチを展開してみせねばならない。

しかも、合衆国議会には「雄弁は金」とする西欧社会の伝統が色濃く残っている。というよりも、ギリシア以来の西洋の修辞学を最も強く意識している政治家集団は、アメリカの議会ではなかろうか。ギリシア的

修辞の方法は大学でも教えている。というよりも社会の指導的立場に立とうとする若者ならば必ずマスターする科目が、修辞学である。当然議員たちの大部分はその訓練を経た者たちであるし、もともと論議のプロである。したがって、独立革命の火付け役の一人、パトリック・ヘンリーの「Give me liberty or give me death.（自由を与えよ、さもなくば死を）」的な言辞は合衆国議会の伝統となっている。

雄弁への期待

ついでに述べておくと、ホワイトハウスの建築様式も合衆国議事堂も、建物のデザインの基本はギリシア建築である。他の政府の建物も、古いものは同様で、入口には必ずエンタシス、つまりギリシア風円柱が何本もそびえている。南部諸州の資産家の家にも、同じくギリシア風円柱が必ずといってよいほど見られるのに、お気づきになった方も多いことだろう。

これは風土的理由からギリシア建築が模倣されたのではなく、哲学的理由による。新しく国家が生まれるとき、アメリカの始祖にあたる人々は、政府の建物のデザインを考えねばならなかった。大部分の者はイギリスの血を引く者であったが、まさか敵国イギリスの建築様式をまねて議事堂などを造るわけにはいかない。議論の末たどりついたのが、何千年も時代をさか

のぼったギリシア様式だったのだが,それは明るくすみきって明快なギリシア的精神こそがアメリカの模範とすべき考えだとされていたからである。

そういう精神風土のなかでは,練られたスタイルをもつ雄弁は,政治にとっては欠くことのできない要素である。ことに大統領の発する言葉には事態をわかりやすく,しかし格調高く解説したり,必要なことは堂々と上手に説明してほしいとする雄弁への期待がかけられている。

しかし,期待は政治的なものだけではない。アメリカのなかには文化上の1つの約束ごとがあるように思われる。それは,全力投球をしている話し手とともに,聞き手は泣いたり笑ったりしながら共感を楽しむといった考えである。したがって話して楽しませることだけが目的の話術,講談といった語りの文化には根強いものがあり,マーク・トウェインをはじめ19世紀の文士は筆では食べられず,講演者として生活を成り立たせていたくらいだ。つまり,語りの文化 oral entertainment の伝統がある。しかし,ここで問題にしたいのは,政治とか宗教といったどちらかと言えば堅いたぐいの話もまた,アメリカでは一種の娯楽たり得るという事実である。

かつてアメリカがまだイギリスの植民地であった頃のことである。ピューリタンが住んでいたボストンを

中心とするニューイングランド地方では，あまり娯楽と呼ぶべきものがなかった。日常生活は食べものを作ることに追われ（土地がやせていて必死の農作業でやっと自給自足できた）娯楽どころではなかった。それに厳格なピューリタニズムは肉体のよろこびを全面的に禁止した。ボーリングをしたりトランプをすることは悪魔の行為とされたり，ダンスを踊ることなどは死刑にも相当することであった。そこで人々は気晴らしに罪人の処刑を見に行ったり，葬式を見物したりした。なかでも日曜に教会に出かけて熱のこもった説教を聞くことは，無上の楽しみであったという。

娯楽としての説教

教会で厳しい神の裁きを語る牧師の話は会衆をふるえ上がらせたが，何もない開拓地のことゆえ，けっこう娯楽ととらえられていた。

しかも，独立革命の気運がもりあがるにつれ，教会の牧師たちの多くは説教台からイギリスの植民地主義政策を攻撃しだした。集まってきた会衆はこの政治がかった説教をよろこんで聞いた。話は「娯楽」であったから，現実世界のことにふれたほうが面白かったのである。こうして日曜ごとの礼拝は，一種の政治的アジ演説の集会と化していったのである。

後には説教台から堂々と選挙演説がされるようにな

る。牧師や有志が台にのぼって政治のありようについて語り，したがってだれそれを支持しようなどということを述べた。今日でもこの伝統は残っており，アメリカの教会で牧師の口から人種問題や環境破壊問題についての話を聞かされて，異様に感じる日本人もいるはずである。

「Great Awakening（大覚醒）」という社会現象もある。多少は有名な説教師が，開拓地に出かけていって野外で説教を始める。大体は「hell fire speech」といって地獄の火の話が中心になる。「お前たち悔い改めなければ地獄の火にやかれるぞ！」ということで，こと細かにおそろしげな地獄の話が展開される。人々はおののき，泣きわめきながら今までの不信心をなげく……というのだが，これは相当な人気があった。著名な説教者が話を始めると，数日のうちに噂が伝わり，山のなかや遠くの農村からも時には2000人以上もの人々が馳せ参じたという。

テント生活をしていた人々のあいだにはけんかや事件が絶えなかったが，人々は群れ集まって共に泣き，悔い改めるという行為をよしとしたのである。人々は説教師と泣き笑いを共にしながら精神的に一つとなるという共感を求めて集まってきた。こういう，言葉がかもしだす感動の渦の中に人々が生かされているという伝統は，今日のアメリカにも生き続けている。

以前，似たようなことをジョージア州アトランタのアフリカ系（黒人）の集まる教会で経験したことがある。日曜日に教会に集まった人々は牧師の声に体をふるわせ，心のリズムのおもむくままに歌い踊るのである。教会のなかには全員がひたり切っている感情のうねりが生まれ，人々は陶酔状態に入る。

教会で精神を思いきり高揚させた人々は，月曜日になればまた平静な顔をして仕事の世界にもどる。教会での祝祭的な騒々しさや，興奮のうねりのなかで感じられた人間同士の連帯感は，まったく存在しなかったかのようである。

戦争中も行われる遊説

祭りが済んでまた日常が始まる。ところが，こうした祝祭と日常のくり返しというパターンは，大統領選挙にもあてはまる。大統領選挙戦はたしかに政争ではあるが，それを超えて，もっと大きな国民的祝祭，全国的高揚の時期なのである。しかも，教会と同じく大統領選挙も「言葉」が中心になる。選挙は4年に1度めぐってくるから，これは4年ごとの言葉の祝祭だと言える。

大統領選挙の年（近年では1992，1996，2000年）ともなると，お祭りの準備で大変である。政党本部はキャンペーンの準備に追われることになるが，なかで

も最も重要視されるのが orator（選挙演説を担当する者）の選択である。普通は，地元の spellbinders（人を魅了するような雄弁家）のリストが各選挙事務所で作成される。リストにのる人物はさまざまで，街角で演説のできるような大声の持ち主から，名前だけで何百人も人間が集まるという有名人までいる。こういう「話し手」の演説のスケジュールがギッシリと組み上げられることになるが，話が行われる場所の雰囲気にも注意が払われる。音楽隊が予約され，パレードの計画が組まれ，雄弁をいやが上にももりたてようとする工夫がこらされる。

　大統領候補はそうした言葉の祝祭の長であるから，spellbinders の先頭に立つことが要求される。出演の回数も一番多いし，内容も際立ったものでなければならない。昔の話になるが，1896 年の選挙では民主党のブライアン候補は全国を回り，少なくとも 400 回の演説をしたと言い伝えられている。ローズベルト大統領は 1940 年には身体の不具合にもかかわらず 1 万 8000 マイル（約 2 万 8900 キロ）以上旅行したというし，1944 年には第二次世界大戦の最中であったにもかかわらず全国行脚に出かけている。国難の時期だからといって，ホワイトハウスに居すわることができない国民的雰囲気があるのである。

　テレビが国民生活のなかに定着するようになると，

大統領候補者は，テレビに登場することが期待されるようになった。1984年の大統領選ではレーガンとモンデールの論争が3回にわたって放映された。おまけに，副大統領候補同士も何回かテレビで角を突き合わさなくてはならない。国民は言葉で争っている2人を見て，あれやこれやと評価するのを楽しみとする。

1960年のケネディとニクソンのテレビ討論は有名である。ニクソンのほうが元副大統領ということで知名度が高く，結果はニクソンに有利になるだろうと言われていた。ところが，フタを開けてみると無名のケネディのほうが威勢がよく見えた。司会者の質問に答えて各自3分以内で話をまとめねばならなかったが，ケネディのほうが手際よく，有能に見えたのである。ケネディは言葉で戦いを挑むことができ，ニクソンは言葉のうえで劣勢に見えた。

ニクソン陣営は第1回目の結果に驚き，さまざまな作戦を練って2回目の討論にのぞんだ。たとえば，より元気に見せるため（テレビでは頬がこけて貧相に見えた），ニクソンに毎日卵入りのミルクセーキを3杯ずつ飲ませる，などということをしたが，第1回目の討論の印象が大きすぎた。イメージの逆転はその後もついにできず，結果としてケネディ大統領の誕生となる。

言葉が主役の大統領選

　1972年に、テネシー州のノックスビルというさびれかけた田舎町で、再選をめざして立候補していたニクソン大統領を見かけたことがあった。この町のどこにこれだけの人間がいるのであろうかと思われるほど多くの人々が集まり、限りない喧噪(けんそう)のなかでニクソンが熱弁をふるっていた。小さな町のことである。おそらくは民主党支持者も共和党支持者もごったまぜになってそこにいたのであろう。しかしそういう事はあまり関係なく、むしろ普通のアメリカ人とその代表者候補というムードのなかで、ざわめきが起こり、対話があり、ヤジが飛び、ジョークが披露されていたのである。

　その様子は、まさにお祭り気分で、途中でカンカン帽の踊り子たちが登場したり、色とりどりの風船が放たれたりしたものである。

　1984年に見た共和党大会も似たようなものであった。テキサス州の大都市ダラスの町で開催されたのだが、再選をめざすレーガン大統領の登場する日が近づくにつれ、会場はいや町全体が興奮の渦のなかに包まれていったのである。町にはこれまたカンカン帽をチョコンと頭にのせたふざけたかっこうの共和党員の男女があふれ、バーやレストランはいつでも満員。デパートは記念大セールをもよおしていた。おそらくは

町のどこかで，共和党の幹部が戦略を練るなどということも行われてはいたのだろうが，それは祭りのムードのなかで見えなくなっていた。

 レーガン大統領の到着をもって町の興奮は最高潮に達し，5万人近くを収容する大会場では歌や踊りがくり広げられていた。会場の中央には巨大なスクリーンがつるされ，レーガンの一挙一動が同時中継される。大統領特別機がダラス・フォートワース空港に着くところ，ハイウェーを走るリムジンの列，地元のホテルの入口で「やあ」と言う大統領……スクリーンに映し出された巨大な大統領は，こうして一歩ずつ大会場に近づいてくる。そしてついにはイメージではなく「本物」が会場に立つ。

 そのとき爆発的な歓声がわきおこる。ドラムが鳴り，大統領を迎えるときの曲「Hail to the Chief（大統領への挨拶）」が演奏されているのだがまったく聞こえない。そして人々は，「Four more years, four more years.（あと4年続けて）」の大シュプレヒコールをいつまでも続けている。

 程度の差こそあれ，このような大統領選挙をめぐる大騒ぎは全国各地で展開される。しかもそれは4年に1回ずつ行われる。これを堅苦しく言えば，主権在民の事実が4年ごとに確認される民主主義の祭典ということになろう。そしてごく普通のアメリカ人は，一生

のうちに 17 回から 18 回ぐらいの，言葉が主役を占める祭典を経験するという計算が，人口統計的に成り立つ。

平明，明快こそ真の言葉

アメリカの政治と文化の象徴としての大統領の発する言葉には，したがって自ずから特色が出てくる。

まず第一にあげるべき特色は，明快でわかりやすいということであろう。それは庶民的であるということでもある。何せ，祝祭気分のなかで国民の票が得られなければ，役職につけないのである。しかも，一部の専門家や特殊な社会階級，政治家仲間だけにわかってもらっても意味がない。大衆の賛同が得られなければならない。そこで，ややこしい表現や不明確な発想はできるだけ避けて，平易で親しみのある口調で話が展開することになる。人々の代表であり，親近感をもたれている大統領は，庶民の言葉を用いなくてはならないのである。

たとえば，二重否定 double negative などは極力避けられる。高等な表現にはちがいないが，耳で聞いてすぐ確実にわかるとは限らないからだ。「...not that I do not accept the invitation」と言えば一瞬招待を受けるのか受けないのかとまどうが，「I will accept the invitation」と言えば明快である。

1　大統領の英語への招待　37

　明快でわかりやすい言葉だけが真の言葉なのであり，理解に苦しむような表現は不吉なものであるとするのは，根強いアメリカ的発想でもある。それはアメリカ英語の平明性，庶民性にも連なるのであるが，このような傾向は文化のなかの反権威主義やポピュリズム的な思想にもとづくものと思われる。

　建国当時の著名人にベンジャミン・フランクリンがいるが，フランクリンはまさに「アメリカ的」人物であった。不可思議なことや形而上的なことを毛嫌いして，現実的でわかりやすいことのみを語った。科学的な論文でさえも，かみくだいて明快なものとしたのである。そのおかげで，イギリスの科学者からも次のようなおほめの言葉をいただいている。

　　The style and manner of his publications on electricity are almost as worthy of admiration as the doctrine it contains... He has written equally for the uninitiated and for the philosopher... He has in no instance exhibited that false dignity, by which philosophy is kept aloof from common applications...
　（フランクリンの電気に関する論文の文章は，論文の内容と同じぐらい称賛すべきものだ。学者も読めるが何も知らない人間も読めるという文章

だ。科学が普通の人間にとって近よりがたいのは、上面(うわつら)で威厳をとりつくろっているからだが、彼の文章にはそれが一かけらもない)

文章語を口語に合わせる

表面で威厳をとりつくろうのではなく平明さが大事だとする考えは、アメリカ生まれの哲学「プラグマティズム」の基本理念でもある。その始祖の1人であるウィリアム・ジェームズは、19世紀末のヨーロッパの難解な思想（言葉）を信用しなかった。イギリスのハーバート・スペンサーの社会進化論を批判して、その論議は次のように「解釈できる」と皮肉ったのである。

> Social Darwinism is:
> an integration of matter and concomitant dissipation of motion; during which matter passes from an indefinite, incoherent homogeneity; and during which the retained motion undergoes a parallel transformation into a change from a no-howish untalkaboutable all-alikeness to a some-howish and in general talkaboutable not-all-alikeness by continuous stick-togetherness and somethingelsifications.

スペンサーと言えば，社会進化論を唱えて当時のヨーロッパの代表的知性とみなされていたのであるが，アメリカのジェームズ（当時ハーバード大学教授）はその知性さえこのように茶化してあざ笑うことができたのである。そのエネルギーと自信は，common sense（常識）と common man（常民）にあった。

こうした例はあげだせばきりがないが，独立革命後のノア・ウェブスターの活動も注目に値する。ウェブスターは，英語の発音とスペルが異なっているから読み書きに不自由する人が生まれやすいと考えた。話すのは誰にでもできるのに，読み書きができないのはややこしいスペルを覚えなくてはならないからである。そこでスペルはすべて話すとおりに直してしまってはどうか——と提案した。

おかげで，英国の言葉とアメリカの言葉のスペリングは多少食い違うことになった。ウェブスターの提案に見られるのは，日本の言文一致運動や中国の白話運動に近い思想である。つまり，会話体を用いている庶民の言葉のほうが正統なのであり，文字という特殊技術をあつかう者は，正統な会話体のほうに歩み寄って合わせなければならないとする民主的発想である。

嫌われる big word

語りの言葉は文章の言葉とくらべると一段と低い地位にあって、日常の生活や女性や子供が用いたりするぶんには差しつかえないが、高等なことは文章の言葉で綴らねばならないとする思想は、ここには存在しない。事態はむしろ逆なのである。その意味でアメリカの文化は口語体の文化だと言えるだろう。

今日のアメリカの大学でも、難解な講義をする教授は「He does not know what he is saying.（自分の言っていることを心得ていない）」として敬遠される。本当に内容を知りつくしているのなら、他人にわかるようにしゃべれるはずだというのである。そもそもそういう難解な人物は、一流の大学では数年でクビになる。tenure（定年までの任命）がつかないという。数年して忽然としていなくなった先生のことを噂して、学生たちは「やっぱり tenure がつかなかった」などと言う。

アメリカの大統領の英語は、当然のことながらこうした考え方の延長線上にある。偉そうな言葉や難解な表現は極力さけて、common man を念頭においた言葉が展開されるのである。

それゆえ big word と言われる、ラテン語にルーツをもつ難解な言葉は、よほどのことがない限り用いられることがない。abdomen よりは belly が、elongation よりは stretch が好まれる。

 I offer the following idea.
でよいのであって,

 I propose the subsequent notion.
では<u>か</u>えってバカにされる。

強烈な歴史意識

 しかし,大統領の英語の第2の特色は,多少様子がちがう。国民はわかりやすさを求める一方,大統領に対しては一段と高度な視点からものを見て,人々を勇気づけたり導いていくことを期待する。そこで,大統領の英語には,ちょっと日本的状況では信じられないほどのビジョンと歴史意識が入り込むことになる。

 リンドン・ジョンソンは,とりわけアメリカと自分の歴史上の意味あいについて注意を払った大統領であるが,壮麗なレトリックに満ちた大統領就任演説のなかで,次のようなビジョンを述べた。

  For we are a nation of believers. Underneath the clamor of building and the rush of our day's pursuits, we are believers in justice and liberty and union, and in our own Union. We believe that every man must someday be free. And we believe in ourselves.

（私たちの国は信じる者の国です。建設の槌音や日常の仕事のいそがしさを一皮むけば，正義と自由と統合と，そしてこの合衆国を信じる私たちがいます。私たちはあらゆる人間がいつの日にか自由になることを信じます。なかんずく自らを信じるものでもあります）

　ここに使われているbelieveとかjustice, liberty, free, believe in ourselvesなどは「buzz words」と言われて，それを聞いたとたんに反射的に思い出すことのある言葉である。この場合には，国のよって立つ高い理念が想起させられる。人生や世界の未来に対して信頼感をもちながら，正義とか自由といった気高い理想を追求してきたのが，アメリカの本来の姿なのだということなのであろう。

　ウォーターゲート事件で失脚したがゆえに暗いイメージのつきまとうリチャード・ニクソンも，強烈な歴史意識をもっていた。1969年の就任演説では，次のような高揚した精神状態が披露される。

　　Each moment in history is a fleeting time, precious and unique. But some stand out as moments of beginning, in which courses are set that shape decades or centuries.

This can be such a moment.
（歴史のなかのすべての時間は流れ去るものであり，それぞれに貴重でユニークなものです。しかし，来るべき何十年間，あるいは何百年間の歩むべき道が始まる特別な時間というものがあります。いまがそのときであり得ます）

名言を生むレトリック
回帰しない時間の流れのなかで，いま現在を特殊な時としてとらえていこうというのであるから，ここには指導者としての強い意志と，運命観のようなものがにじみ出ている。こういう態度はニクソンに特有のものではなく，歴代の大統領に共通して見られる。たとえば1933年に就任したフランクリン・ローズベルトはこう述べている。

This is preeminently the time to speak the truth, the whole truth, frankly and boldly. Nor need we shrink from honestly facing conditions in our country to-day.
（いまこそは真実を語るとき，あらゆることを卒直に勇気をもって語るときです。また今日の我が国の状況を正直に見つめるべきときです）

そしてこの言葉は次の有名な部分につながっている。

> This great Nation will endure as it has endured, will revive and will prosper. So, first of all, let me assert my firm belief that the only thing we have to fear is fear itself....

ローズベルトはこうして国民を勇気づけておいて，ニューディール政策を実施し，破壊された経済の立て直しをはかった。すでに見たように，恐れなければならないのは，大恐慌のなかの失業や企業の倒産よりも，実はわれわれの心のなかに巣食っている絶望の気持なのだとした「the only thing we have to fear is fear itself.」という言葉は，当時の多くのアメリカ人をふるい立たせて歴史に残る名言となった。

fearとfearを並べて人々の耳目を引きつけておきながら，ハッとするような真実を突く，というレトリックの手法は，本書に登場するケネディとジョンソンの手法でもある。そしてケネディもジョンソンも，ローズベルトのニューディール精神を信奉していた民主党の大統領であった。ここで強調しておきたいのは，大統領の英語には極めて高い理想や人間の勇気をふるい立たせるような精神がこめられているというこ

とである。しかも、ギリシア時代以来の修辞学の伝統を受けついでいるため、聞いている者をして、退屈させないだけの工夫がこらされている。

そして、理想や修辞はすべて平明なわかりやすい英語に包み込まれているのである。ヨーロッパや日本には、あまりにもわかりやすいことがらにはありがたみがなく、お経や高度な学問のように精神的により一段上とみられている世界に属するものは、多少は難解なほうが立派に見えるとする伝統がある。

昔、旧西ドイツのコンラート・アデナウアー首相はケネディ大統領の英語を聞いて「何て軽薄な若造だろう」と言ったという。それほど大統領の英語は平明さを重んじたものだった。したがって、アメリカの文化はヨーロッパ的高踏趣味の反対を行くものであり、大統領の英語はアメリカ文化を体現した最良のサンプルとなっている。

大統領の英語が話されるとき

大統領の発する言葉は、いくつかにわけることができる。全国民注視のなかで朗々と述べるという公式スピーチ official address はもちろん職業がら数が多いが、これとてよく見ればいくつかの種類がある。慣習的に定まっていて、すべての大統領が必ず行うという演説は、

- 就任演説 inaugural address
- 年頭教書 state of the union message（1年に1回1月に行う。1年間の行政府の業績を合衆国議会に対して報告するというもの）
- 離任演説 farewell address（就任演説は再選されれば2回行うが、これは1回のみ）

ところがこれだけ演説をすれば大統領が勤まるわけではない。緊急の事態が発生したりしたときには、議会に対して呼びかけたり、国民に対してアッピールしなくてはならない。特に最近では問題が山積するため、大統領のスピーチの回数が多くなる。こういうスピーチの例としては、古くはエイブラハム・リンカンの「Gettysburg Address」などというのがある。南北戦争中ペンシルバニア州のゲティスバーグで3日間にわたる戦闘のあと、南軍を破って決定的に北軍に有利な状況が生まれることになったが、そのときになされた死者を弔う感動的な演説である。

1919年にはウッドロー・ウィルソンが全国を回って国民に直接語りかけたが、それは合衆国議会が国際連盟への加入を認めようとしなかったので、国民に直談判(じかだんぱん)しようとしたのであった。フランクリン・ローズベルトは1941年日本のパールハーバー攻撃の翌日、上院と下院の議員を集めた合同議会で戦争開始を訴えた。憲法の規定により、アメリカでは議会のみが戦争

開始を宣言する力をもつからである。大統領は行政府の長として、戦争開始をお願いするという立場にある。

近年ではエネルギー危機、新たな福祉政策、テロ事件等々、きわめて多くの課題がホワイトハウスに押し寄せるため、大統領は頻繁に議会に出向いてスピーチをしたり、ホワイトハウスの執務室からテレビで直接国民に語りかけたりする。特にジョンソン政権時代の1960年代からはテレビを利用することが多い。

このようなpresidential addressのほかにも、ちょっとした記者会見での発表とか、退役軍人の集会であいさつをしたり、大学の卒業式に出てスピーチをしたりするなど、数えあげればきりがない。また、大統領がホワイトハウスのなかで、周りの者たちと話すプライベートな言葉というものももちろんある。普通はこれは絶対に外部には聞こえないものなのだが、ニクソンのウォーターゲート事件で、ホワイトハウス内の会話が明るみに出てしまうという「事件」がおきた。

次章からは、こうしたさまざまな大統領の言葉を、個別の大統領ごとにあたっていくことになる。その際引用した英文は、必ずしも同じ条件下のものではない。すべての大統領に共通の、たとえば離任演説ばかりを並べたほうがより公平であるようにも思えるが、

それでは個々の大統領の個性がうすれてしまうおそれがある。ケネディからブッシュ（子）までのホワイトハウスの住人は，むしろ極めて豊かな個性と独自の言葉をもった人物たちなのである。そこで，思い切っていかにもその大統領らしい言葉を，時代背景を考えながら選んでみた。

2 ケネディ——リズム感に富む名文

1961年6月，米・ソ首脳会談について報告するケネディ

とびきりの名文

ワシントンD.C. を出て，メモリアル橋を渡るとすぐにアーリントンの国立墓地になるが，そこの小高い丘の上にジョン・F・ケネディ (John F. Kennedy, 在職1961―63) の墓がある。

墓といっても大理石でできた大きく平らなモニュメントで，明るい雰囲気である。永遠の火というのがともっており，週末や休日ともなると多くの参拝者でごった返す。

モニュメントの大理石には，生前のケネディの吐いた名言がたくさん刻みこまれているのだが，ちょうど永遠の火を後ろにしてワシントンの市街を見渡すことのできる中心の部分に，次の文句がある。

> And so, my fellow Americans: ask not what your country can do for you—ask what you can do for your country.
>
> (そこでアメリカの皆さん，国が何をしてくれるのだろうかと問うことはやめていただきたい――反対に自分が国のために何をなすことができるかを問うていただきたい)

これは名文家で知られたケネディの文章のなかでも，とびきりの名文とされているものだが，大統領就

任演説 inaugural address のなかに出てくる1節である。

ask not what は直ちに ask what とくり返され，can do for you を追って can do for your country と同じような表現が出て，リズム感や，オヤと耳をそばだたせるような興味を引きおこさせている。そしてダッシュでつながれた2つの文章は，ほぼ同じ単語を用いながら単語の位置がちがうために，およそ正反対のことを言っている。それゆえおもしろさと意外感をもって聞く者の耳にせまってくる。

しかし，このくだりが有名になったのはそうしたレトリックの技術がすぐれていたからだけではない。レトリックのはなばなしさに負けないだけの内包された意味があったからだということは，忘れてはならないことである。

普通，英語を使いこなすという場合にも同じことが言えるはずで，使いこなすための技術もたしかに大事ではあるが，それ以上に大事なのはその技術を用いて何を言うかということではなかろうか。逆に言えば，言うべき内容が乏しいのに，いくら技術ばかりを学んでも結局は「英語」をあやつることはできない。言葉を使うということは，「how」よりも「what」のほうが大事だということがこの例からもわかる。

さてここでは，国民がブツブツと文句を言って「国

が何もしてくれない」とか,「国がああだから自分たちがこうなる」といった他力本願的な態度をいましめ, むしろ自分たちがイニシアチブを取り主体的に動いて, 運命を切り開いていってほしいといった気持がこめられている。アメリカ人の心のなかの依頼心をいましめた言葉であり, まさに若さと活力にあふれた発想が展開された1節となっている。

新鮮な言葉を待つ国民

ケネディの言葉は国民を鼓舞したと言われるのだが, 鼓舞と言えば,「ニューフロンティア」という発想もそうであろう。1960年の民主党大会で, ジョン・F・ケネディが大統領候補に指名されたときに受けて立って行った演説のなかに,「We stand at the threshold of a new frontier...（いまわれわれは新しいフロンティアの入口にあり……)」という表現があった。さっそくマスメディアがこの言葉をとらえて「ケネディの言葉」として喧伝したものだから, すっかり有名になり定着してしまった。選挙運動中のケネディ陣営は, これをのがす手はないとばかりに「ニューフロンティア」を取り込み, キャッチフレーズとして活用することになる。

このように選挙運動中に大統領候補が何げなく（か意図的に）述べた言葉が, たまたまマスコミの目にと

まって大きく取り上げられ，結局はその候補者のイメージなり政策を大きく色づけしていくという例は数多くある。たとえばニューディールという言葉。ニューディール政策とかニューディール連合は終わったとか，この言葉はいかにも当初から確立している不変不動の表現のように思えるが，1932年にフランクリン・D・ローズベルトが，やはり民主党大会でひょいと口にした言葉であった。「新しくやり直そうではないか」といったほどの意味で new deal (deal：協約，取引，交渉ごと，仕事量) という言葉を用いたのだが，その特定の表現にマスコミがソレッととびついて有名になった。20年代のハーディング大統領の「Back to Normalcy (正常へ戻る)」も同様の例だが，ある意味ではマスコミ (国民世論) はあたかも救世主を待ち望むかのように「新鮮な言葉を待ち望んでいた」のかもしれない。特に国が困難な状況におかれた時代に，新たに登場する候補者の言葉には熱いまなざしがそそがれるのが普通である。

「フロンティア」というのは，たしかに1960年代という時代の1つのキーワードたり得た。過去100年間にわたってアメリカ人は反ヨーロッパ，反旧世界としてのフロンティアの存在を夢見てきたのだったし，フロンティアこそはアメリカの世界におけるレーゾンデートルだったと言ってもよい。事業に失敗しても，

人間関係に行き詰まっても，はたまた人殺しをしても，西部＝フロンティアに行けば人は自分の過去を語らなくてもよい。そして人生のやり直しが利いた。フロンティアこそは万人にとっての救いの空間だったのである。

　もちろんケネディの時代には，地理上のフロンティアはなくなっていたが，閉塞的な時代状況は新しい突破口を必要としていた。前任のアイゼンハワー時代にスプートニク・ショックというのがあり，宇宙開発競争ではソビエトに先を越されたという認識が広がっていたし，それと関連して，すぐれた科学者などの人材を生み出せないアメリカの教育システムは失敗だった，特に理科教育が遅れていると言われていた。国際面ではソビエトとの和平が進展するどころか，猜疑心ゆえの対立と膠着状態が続いていた。冷戦のなかで，アメリカは立ち遅れたという意識があったのである。そこで，いまだにアメリカにフロンティアがあるという気持は，41歳という若々しいケネディのイメージと重なって，いやが上にも新鮮で決断力をもち，高い理想主義に裏づけられた大統領像をつくりあげていった。

ケネディ演説の秘密

　そうしたイメージづくりにあたっては，ケネディ自

身の細心の気くばりがあったことは言うまでもない。たとえば先に一部を紹介した就任演説について考えてみよう。まず大統領に当選した直後に、腹心のセオドア・ソーレンセンに対して調査を進めるよう命令がくだされたが、そのときの指示として(1)短いこと、(2)外交問題をあつかったものとすること、(3)悲観的なものでないこと、(4)共産主義と対決するようなものでないこと、(5)新しい時代の幕あけをうたったものであること、などがあった。

さらにケネディの指示で、ソーレンセンは過去の就任演説を全部調べあげることになった。特にリンカンのゲティスバーグ演説が何故に今日まで語りつがれる名演説であるか——その原因を究明するよう要請があった。研究の結果、ソーレンセンは、リンカンの演説はできるだけ短い単語を用いていること、2音節や3音節の言葉を避けてできるだけ単音節を多用していることを「発見」する。当然のことながら、この発見はケネディの就任演説にも用いられることになった。

著名なジャーナリストのジョーゼフ・クラフト、ハーバード大学の経済学者ケネス・ガルブレイス、あるいは、イリノイ州知事や初代国連大使を務めてスピーチの名手といわれたアドレー・スチーブンソンといった当時の英知を集めて、演説は何回も書き直されていった。そのたびに文章はより短く簡潔に、言葉は

より単音に近くわかりやすいものに変えられていったのである。次にあげたのは，最初の原稿と手が加えられた中間段階，そして最終稿の比較である。

　　❶＝第1次原稿　❷＝中間原稿　❸＝最終稿

例Ⓐ❶ We celebrate today not a victory of party but the sacrament of democracy.
　❷ We celebrate today not a victory of party but a convention of freedom.
　❸ We observe today not a victory of party but a celebration of freedom.

例Ⓑ❶ Each of us, whether we hold office or not, shares the responsibility for guiding this most difficult of all societies along the path of self-discipline and self-government.
　❷ In your hands, my fellow citizens, more than in mine, will be determined the success or failure of our course.
　❸ In your hands, my fellow citizens, more than in mine, will rest the final success or failure of our course.

例©❶ Nor can two great and powerful nations forever continue on this reckless course, both overburdened by the staggering cost of modern weapons...

❷ ...neither can two great and powerful nations long endure their present reckless course, both overburdened by the staggering cost of modern weapons...

❸ ...neither can two great and powerful groups of nations take comfort from our present course—both sides overburdened by the cost of modern weapons...

例Ⓓ❶ And if the fruits of cooperation prove sweeter than the drugs of suspicion, let both sides join ultimately in creating a true world order—neither a Pax Americana, nor a Pax Russiana, nor even a balance of power—but a community of power.

❷ And if a beachhead of cooperation can be made in the jungles of suspicion, let both sides join someday in creating, not a new balance of power, but a new world of law...

❸ And if a beachhead of cooperation can push

>   back the jungle of suspicion, let both sides join in creating a new endeavor, not a new balance of power, but a new world of law...

例Ⓐでは，sacrament of democracy が明らかに問題になっている。「sacrament（聖なる儀式）」という言葉はやや特殊で，オヤという気持は普通のアメリカ人でももつ人が多いはずだ。言わば明快さ（わかりやすさ）に欠けるのである。そこで中間原稿では convention of freedom と直された。ところが freedom はよいとしても convention がまたまた不明確。普通は convention と言えば「大会」とか「会議」を連想してしまう。おそらくは「集い」といったほどの意味あいがこもっているのだが，いずれにせよ，ちょっとひっかかるという点では問題だ。そこで最終的には celebration of freedom となった。celebration だったら「祝い事」であり，あいまいな疑問が残る余地はない。よっぽど明確な文章となった。

シンプルな表現，強い迫力

例Ⓑは，もっと手が加えられている。そもそもここでは4行の文章が3行になり，さらに短く力強くなっている。出だしの部分も，「あなたが政権についていようといまいと，われわれの一人一人がこの最も困難

な世界を導いていく責任をもつ……」となっていたのが,「国民の皆さん。こうした考えが最終的に成功をおさめるかどうかは,私の手というよりは皆さんの手によるところが大きいのです」と直された。

「Each of us, whether we hold office or not」云々というのはやや回りくどい言い方である。each of us と言われても,聞いているほうはその先を聞かないと何のことだか意味不明である。ところが「In your hands, my fellow citizens…」では,「アナタノ手中ニデスネ皆サン……」という語順だから,聞いているほうは「自分ノ手中ニ何カアルナ」と思ってさらに聞き続けることになる。聞き手は文章の最後まで聞いてからそれをひっくり返して理解しているわけではないから,頭から聞いていってコマ切れでもよいから「わかり続けていく」ほうがありがたい,つまり明快なのである。

この文章ではさらに,「皆さんの手によるところが大きいのです(will be determined)」が直されて,最終稿では「皆さんの手にかかっています(will rest)」となった。短くてシンプルな表現になっただけ,訴える力も大きく,さらにわかりやすくなったと言えるだろう。

例ⓒは長い文章である。まず第1次原稿から中間原稿への改善では,nor can two… が neither can two

…となったが，これは nor の場合「行為」を否定するので，「2つの偉大で強力な国家が永久にこの無謀な道を」まで聞き進んで初めて nor が効いてくる。reckless course までやってきて初めて当初の否定の意味が何だったか判明するのである。文章で読むとさほど理解が困難でないにしても，これを音声で聞いた場合には，頭のなかに nor をとどめておいて聞き進まなくてはならないので相当苦しい。これを neither can two にすれば否定は can の直後の two nations にかかってくるので最初から「できない」と理解される。できないことの内容はあとからついてくる。

　最終稿ではまず reckless と staggering という表現が抜けた。「向こう見ずな」と「とてつもない」という意味だが，ここのコンテキストではいかにも俗語的なひびきをもつ。つまり大統領の言葉としての気品に欠ける表現と判断されたのであろう。「by the staggering cost of modern weapons」で「大変な」という実感はよく出るが，いかにも大げさである。そこで「by the cost of modern weapons」となった。(can not) long endure は (can not) take comfort となったが，endure などという表現がなくなっただけでもわかりやすくなった。

　例①は大幅に短くなった例で，fruits…sweeter といった比喩の表現がなくなって，もっと直截な表現と

なったし，Pax Americana 云々も刈り取られている。全体に，くどくどした説明調が抜けて力強さを増したスピーチとなった。

ところで，ここでひとつやってみていただきたいことがある。それは自分で声を出して，第1次原稿と中間原稿と最終稿を読みくらべてみるということだ。そうすれば，初めの回りくどい表現はスッキリとシンプルになり，不明確な表現はやさしくわかりやすい言葉に置き替わっていることが体験されるだろう。

以上の部分だけを見ても，ケネディ大統領のスピーチが，ますます歯切れのよい，平易でリズム感のあるものに変わっていったことがわかる。それは若々しく活力のある，スタッカート調のケネディのイメージとぴったりと重なっているのは言うまでもない。

歯切れのよい理想主義

ケネディの語りのスタイルの修業は突然に始まったわけではなく，大学生時代に始まっている。ハーバード大学在学中には，日本でいう弁論部に入って演説法 oratory を研究している。本書では表現できないが，ケネディのスピーチには波のうねりのようなリズムがある。それは最後まで保持されることになるが，アメリカでは古典的なスピーチ方法とされているやり方だ。つまり大学時代に習得したスピーチの基本をしっ

かりと守っていたのである。さらにはハーバードの学生新聞「CRIMSON」のライターを務めた。ここでは「やさしくてよい文章の書き方」を先輩から教え込まれている。そしてもの書きとしても一応の評価を受けることになった。

しかし、だからといって、先にもふれたように、ケネディにはスタイルだけがあって内容がなかったのではない。おそらくはスタイルと内容が共存していたというのが正しい言い方なのであろう。たとえば上院議員時代に書いた『Profiles in Courage（勇気ある人人/勇気の横顔）』は、文章のスタイルがすぐれているのみならず内容も感動的なもので、1957年にピュリッツァー賞を受賞している。これはアメリカに伝わる勇気ある人物たちの紹介をしたもので、人間のやる気や勇気といったものが、いかに歴史の形成に寄与してきたかということを述べたものだ。

ケネディの英語の特色を手短に言えば、それは「明快で歯切れのよい文のなかに、高い理想主義がくるみ込まれている」ということであろう。次に、その実例を就任演説のなかに見ていくことにしよう。

《Inaugural Address (1961)》

❶ *Vice President Johnson, Mr. Speaker, Mr. Chief Justice, President Eisenhower, Vice President Nixon, President Truman, Reverend Clergy, fellow citizens:*
注❶この演説は，1961年1月20日の12時52分に議会の前にしつらえられた演壇の上でなされたが，冒頭の Vice President Johnson で始まるイタリックの部分は，大統領の就任演説そのものというよりも呼びかけの部分。

ここで President Eisenhower とか President Truman と呼びかけているのは，もちろんそこに元大統領たちが出席していたからだが，アメリカの大統領は退職しても「大統領」と呼ばれる。一度得た称号は死ぬまでつきまとうわけだ。同様に死ぬまで消えない地位名として Governor（知事），Ambassador（大使）や Admiral（提督），Captain（大佐）などの軍隊の役職がある。

❷ We observe today not a victory of party but a celebration of freedom—symbolizing an end as well as a beginning—signifying renewal as well as change. For I have sworn before you and Almighty

God the same solemn oath our forebears prescribed nearly a century and three quarters ago.

注❷ We observe からケネディ独自の言葉が始まるが,大統領としての第一声は国内融和の訴えである。「政党の勝利ではなく自由を祝うのが今日だ」とか「それは終わりと始まりの象徴である」とするのは,いままでの大統領選挙戦をめぐっての政争,世論の分裂はここで流して,心を一つにしていこうという訴え。

❸ The world is very different now. ❹ For man holds in his mortal hands the power to abolish all forms of human poverty and all forms of human life. ❺ And yet the same revolutionary beliefs for which our forebears fought are still at issue around the globe—the belief that the rights of man come not from the generosity of the state but from the hand of God.

注❸ The world is very different now. というのは前の文章で nearly a century and three quarters ago という大分昔のことに言及する表現が出ていたので,その「昔の時代」から「今の時代」へヒョイと「時を移す」というレトリック上のしゃれたテクニック。

注❹ 人間は貧困を撲滅する力ももっているが，自らを破壊する力ももっているとして，人類が手に入れた強大な科学技術のパワーに言及している。man holds in his hands the power... は比喩的表現で，ありありと実態が浮かび上がってくる表現。当時の流行の表現となって，いろいろな使い方がなされた。1960年代の終わりに私が勉強していたワシントンの Georgetown 大学の男子用トイレの中に，次のような落書きが現れたものである。「You are holding your future in your hand.（あなたはいま，あなたの未来をにぎっている）」というのだが，これはなかなか高度なシャレであった。

注❺ ここで時間のイメージがまたゆれて，（科学技術は進歩しても）建国の父祖たちが信じた信念はいまだに不変だということになる。人間としての権利が，国家から与えられるのではなくて天与のものだとする発想は，18世紀（アメリカの独立は1776年）には革命的＝revolutionary なものであった。それまでは人間の財産とか自由は，王が管理したり授与するものであった。明治の日本の民権思想もこうした発想をふまえている。

We dare not forget today that we are the heirs of that first revolution. Let the word go forth from this time and place, to ❻ friend and foe alike, that the torch has been passed to a new generation of Americans—born in this century, tempered by war, disciplined by a hard and bitter peace, proud of our ancient heritage—and unwilling to witness or permit the slow undoing of those human rights to which this nation has always been committed, and to which we are committed today at home and around the world.

This much we pledge—and more.

注❻ friend and foe は同じ "f" で始まるから，意味は正反対なのに韻をふんでいてスピーチの調子をつけている。

Let every nation know, whether it wishes us ❼ well or ill, that we shall pay ❽ any price, bear any burden, meet any hardship, support any friend, oppose any foe to assure the survival and the success of liberty.

注❼ well or ill も意味は正反対なのに韻をふむ。

注❽ any price, any burden, any hardship と any が文章の流れを引きしめている。

To those old allies whose cultural and spiritual origins we share, we pledge the loyalty of faithful friends. United, there is little we cannot do in a host of cooperative ventures. Divided, there is little we can do—for we dare not meet a powerful challenge at odds and split asunder.

To those new states whom we welcome to the ranks of the free, we pledge our word that one form of colonial control shall not have passed away merely to be replaced by a far more iron tyranny. ❾ We shall not always expect to find them supporting our view. But we shall always hope to find them strongly supporting their own freedom—and to remember that, in the past, those who foolishly sought power by riding the back of the tiger ended up inside.

注❾ shall...find them が対比的な表現として2回続けて用いられる。先ほどの any のくり返しと同じ効果をもたらす。つまり，同じ音がくり返されることによって演説にリズムがつき，聞く者の興味をそそり，言いたいことを強調する。ただし文章作成に慣れない者が，思いつく文章構文の貧困さのゆえに同じ文型を2度も3度も続けて用いることもあるが，もちろんここでは別。

貧困さゆえの例。

<u>I like</u> ice cream. <u>I like</u> to eat it outside. <u>I like</u> a particular ice cream shop in Aoyama. <u>I like</u> that shop very much.

To those peoples in the huts and villages of half the globe struggling to break the bonds of mass misery, we pledge our best efforts to ❿ help them help themselves, for whatever period is required—not because the communists may be doing it, not because we seek their votes, but because it is right. ⓫ If a free society cannot help the many who are poor, it cannot save the few who are rich.

注❿ help them help themselves「自助努力をする者の手助けをする」という発想で，福沢諭吉の「天は自ら助くる者を助く」にも出てくる。

注⓫ 逆説的表現で，「多くの貧困者が救えないのなら，まして少数の金持だって救い得ない」というのは親鸞の「善人なおもて往生をとぐ，いわんや悪人をや」に似ている。

To our sister republics south of our border, we offer a special pledge—to convert our good words into good deeds—in a new alliance for progress—to assist free men and free governments in casting off the chains of poverty. But this peaceful revolution of hope cannot become the prey of hostile powers. ❶❷ Let all our neighbors know that we shall join with them to oppose aggression or subversion anywhere in the Americas. And let every other power know that this Hemisphere intends to remain the master of its own house.

注⑫ かつてモンロー大統領は,「ヨーロッパ諸国は南北アメリカのことにかまけるべきではなく,南北アメリカの独自の判断にゆだねるべきだ」とする「モンロー宣言」を出してヨーロッパ勢力の新大陸への介入を牽制したが,ここでも似たような主張がくり返される。アメリカにとって新世界は自らが支配する土地だという意識は根強く,南米諸国も「アメリカ」のなかにある。しかし南米側から見れば,そういう意識はよけいなお節介,介入主義などと感じられることになる。

To that world assembly of sovereign states, the United Nations, our last best hope in an age where the instruments of war have far outpaced the instruments of peace, we renew our pledge of support—to prevent it from becoming merely a forum for invective—to strengthen its shield of the new and the weak—and to enlarge the area in which its writ may run.

Finally, to those nations who would make themselves our adversary, we offer not a pledge but a request: that both sides begin anew the quest for peace, before the dark powers of destruction unleashed by science engulf all humanity in planned or accidental self-destruction.

❸ We dare not tempt them with weakness. For only when our arms are sufficient beyond doubt, can we be certain beyond doubt that they will never be employed.

注❸軍事力が強くて初めて軍事衝突がさけられるのだとする考え方は民主党，共和党の区別なくアメリカ人が信じてきた発想であろう。ケネディといえども戦争の抑止力は軍備だと考えていたことがこのパラグラフからうかがえる。

But neither can two great and powerful groups of nations take comfort from our present course―both sides overburdened by the cost of modern weapons, both rightly alarmed by the steady spread of the deadly atom, yet both racing to alter that uncertain balance of terror that stays the hand of mankind's final war.

So let us begin anew—remembering on both sides that civility is not a sign of weakness, and sincerity is always subject to proof. Let us never negotiate out of fear. But let us never fear to negotiate.

Let both sides explore what problems unite us instead of belaboring those problems which divide us.

Let both sides, for the first time, formulate serious and precise proposals for the inspection and control of arms—⓮ and bring the absolute power to destroy other nations under the absolute control of all nations.

注⓮ 軍縮と査察の提案がなされている。

❶❺ Let both sides seek to invoke the wonders of science instead of its terrors. Together let us explore the stars, conquer the deserts, eradicate disease, tap the ocean depths and encourage the arts and commerce.

注❶❺ 科学技術を用いて大国同士がおびやかし合うのをやめて，人類のために科学を用いようではないかという提案。空の星を探険し，砂漠を緑化し，病気をなくしたりしようではないかというのだが，ここには科学技術にかける期待がある。つまり科学技術

をもってすれば，病気や砂漠も克服できるのだとする技術信仰が告白されている。それは1950年代末から60年代半ば頃までの典型的なアメリカの考え方ではなかったろうか。

Let both sides unite to heed in all corners of the earth the command of Isaiah—to "undo the heavy burdens…(and) let the oppressed go free."

And if a beachhead of cooperation may push back the jungle of suspicion, let both sides join in creating a new endeavor, not a new balance of power, but a new world of law, where the strong are just and the weak secure and the peace preserved.

All this will not be finished in the first one hundred days. Nor will it be finished in the first one thousand days, nor in the life of this Administration, nor even perhaps in our lifetime on this planet. But let us begin.

In your hands, my fellow citizens, more than mine, will rest the final success or failure of our course. Since this country was founded, each generation of Americans has been summoned to give testimony to its national loyalty. The graves of young Americans who answered the call to service surround the globe.

Now the trumpet summons us again—not as a call to bear arms, though arms we need—not as a call to battle, though embattled we are—but a call to bear the burden of a long twilight struggle, year in and year out, "rejoicing in hope, patient in tribulation," ⓖ a struggle against the common enemies of man: tyranny, poverty, disease and war itself.

注ⓖ海外の諸国に対する戦いを開始するのではなく，貧困や病気，圧政といった（内政的な）ものに対する戦いを！ という呼びかけは，後ほどジョンソン大統領が引きついで，有名な政策貧困に対する戦い War on Poverty となって花開いた。

Can we forge against these enemies a grand and global alliance, North and South, East and West, that can assure a more fruitful life for all mankind? Will you join in that historic effort?

In the long history of the world, only a few generations have been granted the role of defending freedom in its hour of maximum danger. I do not shrink from this responsibility—I welcome it. I do not believe that any of us would exchange places with any other people or any other generation. The energy, the faith, the devotion which we bring to this endeavor will light our country and all who serve it — and the ⓱ glow from that fire can truly light the world.

注⓱アメリカ人がやる気を出してがんばれば，その光り輝く姿は世界の他の国をも照らすであろうとする発想も，アメリカに古くからある考え方である。かつてピューリタンたちは，自分たちが理想とする国を打ち立てることによって世のお手本となろう，丘の上に輝く都市は人類の幸せな行く手を照らす＝a city upon a hill と考えたのである。19世紀には，白人の担わなければならない責任 white man's burden という言葉もあった。ネイティブを平定し，ラテン系の入植者を征服して，キリスト教や民主主義を西部地方に広めていくのは，アングロサクソンの背負った義務だという論議である。Manifest Destiny という言葉もあった。水ではないが，文明も高いところから低いところに流れるので，未開民族を教化しつつ，ヨーロッパ系の文化圏が西へ南へと拡大していくのは明白な運命なのだとする思想である。そしてケネディの時代はおろか，今日でもこのような伝統的アメリカ思想を保持している人はいる。

And so, my fellow Americans: ask not what your country can do for you—ask what you can do for your country.

❽ My fellow citizens of the world: ask not what America will do for you, but what together we can do for the freedom of man.

注❽ 前段の my fellow Americans... があまりにも有名すぎてそのあとの文句の影がうすいが，同じレトリックをもって my fellow citizens of the world ... と世界の市民に対して呼びかけがなされている点に注意。ここではアメリカが何をしてくれるかといった考えをすてて，力を合わせて何かを打ち立てていこうという前段と同じような鼓舞の言葉が，今度は世界中の人間に向かって展開される。

Finally, whether you are citizens of America or citizens of the world, ask of us here the same high standards of strength and sacrifice which we ask of you. With a good conscience our only sure reward, with history the final judge of our deeds, let us go forth to lead the land we love, asking His blessing and His help, but knowing that here on earth God's work must truly be our own.

《就任演説 (1961)》

ジョンソン副大統領，上院議長，最高裁長官，アイゼンハワー大統領，ニクソン副大統領，トルーマン大統領，聖職者，国民の皆さん。

今日私たちが祝うのは政党の勝利ではなく自由なのであり，ものごとの終わりと始まり，再生と変革であります。皆さんと全能の神の前で，私は今日，1世紀と75年ほど前に私たちの父祖が定めた厳粛な誓いを行いました。

しかし，今日の世界は大きく変わっています。いまや人類はあらゆる人間の貧困とあらゆる人間の生命を根だやしにするという力を，自らの手中に収めるにいたりました。それにもかかわらず，私たちの先祖が命をかけた革命思想が世界の各地でいまだに問題となっているのです。その思想とは，人間の権利とは国家の親切心ゆえに与えられるものではなく，神の手によって付与されたものだという考えです。

その最初の革命思想の子孫が私たちであるということを，ゆめゆめ忘れるわけにはゆきません。いま，この場から友人にも敵対する人々にも申し上げたいのは，新しいアメリカの世代はその革命精神を受けつい

でいるということです。私たちは今世紀に生まれ、戦争を経て強くなり、平和を必死で守ることによって修練をつみ、昔からの伝統を誇りに思う者であり、この国が命運をかけてきた人間の権利がおかされていくのを座視することはできません。人間の権利は、この国でも世界の国々でも守られねばならないものです。

好意をもつ国にも敵意をもつ国に対しても知ってほしいと思うのは、私たちはあらゆる努力をつくし、あらゆる犠牲を払い、あらゆる困難を越え、あらゆる味方を支持し、あらゆる反対者を押し切って自由を守りぬいていくということであります。

私たちの誓いはまだあります。

文化的精神的に私たちと似かよった昔からの友邦に対しては、誠意ある友人としての忠誠を誓います。私たちが力を合わせればできないことはないはずです。しかし、分裂しては何も成し遂げることができず、大きな仕事に立ち向かっても敗北があるのみです。

自由な国として生まれた新しい国々に対して申し上げます。植民地主義が圧政に置き替えられることのないよう、私たちも努力をいたしましょう。私たちと意見の異なる場合もありましょう。しかし絶えず自由を支持することを期待します。トラの威を借りようとした者は、結局はトラの胃に入ってしまったことを忘れ

てはならないのです。

　世界の人々のうちおよそ半分は生活苦からのがれようと苦労している人々です。その村々の小屋に住む人々に対して，私たちは自助努力に手を貸すことを約束します。共産主義者が助けの手を差し出しているとか，選挙の際に票になるがゆえに助けようとしているのではありません。いくら時間がかかろうとも，実行すべきことであるがゆえに行うことがらなのです。自由社会が多くの貧しい者を救えなければ，どうして一握りの豊かな者を救うことができましょうか。

　国境の南の兄弟の国々に対しては特に誓うことがあります。私たちの気持を実行に移し，進歩のために新たに力を合わせようではありませんか。そして貧困のくびきからのがれるために，自由な人々と自由な政府を助けましょう。しかもこの平和的な革命は，敵意ある者の利用するところとなることはできません。新大陸に侵略や圧政があった場合には，私たちは力を合わせてことにあたります。全世界は，私たちが自らの運命は自らの手で決めるつもりであることを知らねばなりません。

　戦争の手段が平和の手段よりもはるかに強力な今日，主権国家の集合体である国際連合は，最後に託された私たちの望みなのです。ここで国連支持の誓いを

新たにし，国連が単なるののしり合いの場とならないようにしながら，新しく加入した者や弱い者のうしろだてとなり，その力をさらに大きなものにしていかねばなりません。

最後に，私たちと対立する国々に対しては，誓いをするよりは要求をすることがあります。両陣営が平和の模索を新たに開始するように。それも，科学のもたらす破壊の黒い力が故意や事故によって全人類を飲み込んでしまう前に。

私たちは自らの弱さゆえに敵対国を行動にかりたてることがあってはなりません。軍備が十分なときに初めて軍備を使わなくてすむという十分な保障ができます。

強大な両陣営が現在の道をたどることで満足するわけにはいきません。両者とも近代兵器の過大な出費に苦しみ，両者ともおそるべき核兵器の拡散に心を痛めています。恐怖のバランスというあやうい状況を改めて，人類の最終戦争をさけようとしています。

ここで新たなスタートを切ろうではありませんか。両陣営とも弱さゆえに人間的にふるまっているのではないということを心にとめ，誠実さは身をもって証明しなければならないのです。相手を恐れるから話し合いをするのではありません。むしろ相手を恐れること

なく話し合いを進めねばなりません。

　両者を分けへだてるようなことがらについて頭を悩ますよりも，両者を結びつけることがらは何かということを探し求めていこうではありませんか。

　両陣営は軍備管理と査察のため，初めてのことではありますが，誠意ある具体的な提案を出そうではありませんか。そして，世界を壊滅させる強大な軍事力を世界の国々の強力な管理のもとに置こうではありませんか。

　両者は恐怖心をかきたてるよりも科学の力をもりたてようではありませんか。力を合わせて星を探険し，砂漠を征服し，病気を撲滅し，海の底に到達し，芸術や商業をもりたてようではありませんか。

　共に両者はこの地上においてイザヤの言葉に耳をかたむけようではありませんか──「苦しみを取りのぞき……抑圧された者を自由にせよ」

　協力を進めることによって疑惑の密林をしりぞかせ，新たな力のバランスではなく新たな協力関係を進め，強い者は正義を行い，弱い者は安全ななかに，世界の平和が保持される新しい法にもとづく世界をつくろうではありませんか。

　ここに述べたことは，100日で成し遂げることのできることではありません。1000日，この政権の任期

中, あるいは地上の私たちの生命が続くあいだにさえも達成することはできないかもしれません。それでもいま着手しようではありませんか。

　国民の皆さん。こうした考えが最後に成功を収めるか否かは, 私の手というよりも皆さんの手にかかっています。この国が生まれてこのかた, すべてのアメリカ国民は国のためにつくすよう要請されてきました。その使命をはたすべく立ち上がった若いアメリカ国民が眠る墓地は, 世界のいたるところにあります。

　いまやふたたび召集の合図のトランペットが鳴らされました。武器は必要ですが武器を取れという合図ではありません。戦わねばならないことは多いのですが, 戦争の合図ではありません。それは, かすかな明かりのもとで長い間努力を重ねよという合図なのです。来る年も来る年も「希望のなかによろこび, 艱難のなかに忍耐せよ」という合図であり, 人類の共通の敵である圧政, 貧困, 病気や戦争などに対する戦いが始まるのです。

　このような人類の敵に立ち向かうにあたって北と南, 東と西にまたがる地球上の結びつきを見のがすことはできません。力を合わせてすべての人類のためのよりよいくらしを打ち立てねばなりません。この歴史的な仕事にあなたも参加していただきたい。

長い世界の歴史において，自由が危機にさらされたために人々が立ち上がった時代が何回かありました。私もまたそうした機会をいとう者ではありません。むしろよろこんで受け入れるものです。いま現在というこの場所を避け，この時代を避けるつもりはありません。このような決心をもつ私たちの活力と信念と献身はこの国とその国民を照らし，その炎の明かりは世界を真の光で満たすでしょう。

　それゆえ，アメリカ市民の皆さん，アメリカが皆さんに何をしてくれるのだろうかと問うことはやめていただきたい。反対に自分が国のために何ができるかを問うていただきたい。

　世界の市民の皆さん。アメリカが皆さんに何をしてくれるのだろうかと問うことはやめ，反対に人間の自由のために共に何ができるかを問うていただきたい。

　最後にアメリカと世界の皆さんにお願いいたします。私たちが皆さんに要求する大きな努力と献身の精神と同じものを，皆さんの側からも私たちに要求していただきたい。たしかな報いは良心のなぐさめだけであり，私たちの行いを裁くのは歴史であることを念じて，愛するこの世界のために歩もうではありませんか。神の祝福と助けを求め，私たちの歩みは神の道であることを念じながら。

3 ジョンソン──壮大なレトリック

1968年3月,国務省でベトナム戦争遂行を力説するジョンソン

大ぶろしき，ジョンソン

1963年の暮れに凶弾にたおれたケネディのあとをついだのは，副大統領のリンドン・B・ジョンソン (Lyndon B. Johnson, 在職 1963—69) であったが，ジョンソンはもともと，大統領の副官として形式的な役目をはたすだけで満足するような人物ではなかった。

むしろアメリカの現代史のなかでもまれに見るほどの野心家だったのである。権力への意欲も大きかったし，発想のスケールの雄大さは群をぬいていた。ジョンソンの在任中にワシントンでは次のような噂がまことしやかに流れていた。

> どこかに出かけるために，大統領専用機「エアー・フォース・ワン」が用意してあるアンドリュース空軍基地へ赴いたときのことである。空軍基地だからいたるところに飛行機がとめてある。そのうちの1機を指してお付きの武官が「Sir, that is your airplane. (あれが大統領の飛行機です)」と言ったら，すかさずジョンソンが「No, all of those planes are mine. (いや，ここにある飛行機全部がオレのものだ)」

どうもこれはできすぎた話ではあるが，いかにも

3 ジョンソン——壮大なレトリック

ジョンソンらしいところが出ている。大統領としての自意識は1機の専用機に限られることなく，空軍の飛行機全部に及んでいた，というわけである。

ジョンソンはメガロマニア（大ぶろしき）であるというイメージは，その出身地テキサス州と関係がないわけではない。

テキサスは合衆国で最大の面積をもつ州だが，大きいものはまだある。テキサス出身の男女は大体において背が高く体格がよい。その大男や大女たちは食べるものも大きい。山のようなサラダとジャガイモと牛肉を食べることになっているのだが，今日でもテキサスサイズのステーキ Texas-sized steak と言えば巨大なステーキである。テキサスサイズと言えばよろず大きなものを指す。さらにテキサス人は言うこともすることもデカいという定評がある。

あまりに大きすぎてまやかし臭くさえなる。いわゆる「テキサスの大ぶろしき」というイメージがあるのである。

> あるときアメリカ最大の滝ナイアガラを訪れたテキサスの人物がくやしまぎれに曰く。「なーに，テキサスにはこれくらいの水道管の破裂したところなんざいくらでもあるさ」

このようなテキサスイメージとジョンソン大統領のイメージが重ねられて,「ジョンソンの誇大癖」ということになったと思われるが,それはあながちあたっていなかったわけではない。ジョンソンの打ち出した政策は,目をみはるほど大胆なものが多かった。なかでも最も代表的なのが「偉大な社会 The Great Society」構想である。

体格, 自我, 表現ともにビッグ

1960年代のアメリカには,信じられないほどの貧富の差が目についた。64年に出された政府の報告書によると,アメリカの家庭の5分の1(930万家庭)が貧困ライン以下の生活(年収3000ドル以下)をおくっていたという。ケネディ政権下でも貧困対策は考えられていたのだが,ジョンソン大統領はこの問題に対してまっこうから取り組むことになった。

貧富の差を解消するという発想は,問題の根が深いだけに極めて勇気ある考えである。しかもジョンソンは「アメリカという偉大な社会が,貧困という問題を解決できないわけがない。そしてこの問題が解決したとき,アメリカはさらに偉大な社会になる」と称したのである。この「The Great Society」を訴えたスピーチには,構想の大きさにふさわしい,大げさとも思える言葉が用いられた。たとえば,

3 ジョンソン——壮大なレトリック　87

> I have called for a national war on poverty.
> Our objective: total victory.
> (私は貧困に対する国家をあげての戦争を提唱します。私たちの目標、それは完全な勝利です)

「偉大な社会 great society」といい、「国家あげての戦争 national war」といい、ただごとではない雰囲気をもった言葉だが、ジョンソン大統領の英語は、このような壮大なレトリックに満ちている。

たとえば大統領就任演説の初めには、次のような言葉がある。

> For every generation, there is a destiny. For some, history decides. For this generation, the choice must be our own.
> (すべての世代には運命があります。歴史が運命を定めてしまう世代もあります。この世代は自らの手で運命を決めます)

運命とか歴史というのは意味の大きな言葉であるし、さらに「自らの手で運命を決める」というのもいかにも気宇壮大な話である。こういう表現が生まれるのは、先ほどから述べてきたように、大統領としての自意識の大きさ、生まれ育ったテキサスの精神風土な

どが大いに影響を与えているのであろう。ジョンソンはテキサス人の常にもれず体格も大きかったが，自我も巨大な人物だったのである。そして英語の表現も destiny, war, history などとビッグであった。

弱者へのやさしいまなざし

もう1つ例をあげてみよう。これは1965年に，アフリカ系にも普通の市民なみの権利を与えようというアッピールの目的でなされた，合衆国議会向けの演説だが，「人間の尊厳」とか「民主主義の命運」などという言葉が出てくる点や，「歴史と運命が出合う云々」といった壮大な歴史観というか，自分と歴史と運命のかかわりあいを意識している点にふたたび注目していただきたい。

I speak tonight for the dignity of man and the destiny of democracy... At times history and fate meet at a single time in a single place to shape a turning point in man's unending search for freedom.

（今夜私は人間の尊厳と民主主義の命運のためにお話をしております…〔中略〕…歴史と運命が，ある時ある場所で交叉し，人間による不断の自由追求にとっての大事なきっかけとなるときという

ものがあります)

　もちろんジョンソン大統領は，その劇的な歴史と運命の交叉する，激流のまっただなかに立っているのである。しかしながら，まことに興味あることに，このような巨人の大統領はアフリカ系や貧困者，ネイティブ・アメリカンなどといった社会的弱者のことを忘れなかった。というよりも，何故にジョンソンが巨人であったかと言えば，それは社会的弱者のために巨人だったのである。

　キリスト教世界の伝説にクリストファーという大男の話がある。大河を前にしてハタと困っている旅行者を背負っては河を渡してやり，世のため人のためにつくしていたが，あるとき段々重くなる小児を背負っていくうちに重さに耐え切れなくなり河におぼれかけるが，それでも歯をくいしばって渡ってみると小児はキリストだった，というのである。クリストファーはその決意のほどを試され，証明したのだが，ジョンソンにも似たところがある。

　大統領としての政策を並べてみると，ケネディほどはなばなしい外交活動を展開してはいないが，国内政策には目をみはるようなものが多い。しかも反対勢力の激しい抵抗を押し切って，アメリカ社会の恵まれない人々のための政策を次々と推し進めていった。先に

述べた貧困撲滅政策やマイノリティ政策もそうだが，ほかにもスラム改善計画，老人のための年金制度の充実，老人医療保険制度，教育改革，恵まれない青少年のための職業訓練制度等々，あげだしたらきりがない。

したがってジョンソンの言葉は，壮大なレトリックを用いて弱者保護を訴えるというところに特色があると言える。それは，ややもすれば人間の体温が感じられない大ぶりの発想と表現（war on poverty など）が，小さな者に対する温かいまなざし（to save our poor など）とないまぜになっているといったふしぎな取り合わせでもある。たとえばアフリカ系のための公民権実施を訴えた演説のなかには，次のようなくだりがある。

> The time of justice has now come. I tell you that I believe sincerely that no force can hold it back. It is right in the eyes of man and God that it should come. And when it does, I think that day will brighten the lives of every American.
> （正義の時が来ました。この流れを押し止めることはもはやできないと申し上げたい。神と人にとっていまこそが正義の時なのです。そして正義が実現するなら，すべてのアメリカ人に光明が訪

れるのであります)

と,ここまでは神とか正義などと大仰なのだが,すぐに次の言葉が続いている。

> For Negroes are not the only victims. How many white children have gone uneducated, how many white families have lived in stark poverty, how many white lives have been scarred by fear...?
> (黒人だけが苦しんでいるのではありません。教育を受けられなかった白人の子供たちがどれほどいるでしょうか。いったい白人の何家族が極貧のなかにあり,心配ごとのために人生に負い目をもったまま生きる白人が,どれほどいるでしょうか)

貧困のなかで育つ

こうした小さい者,弱い者に対する思いやりは,ジョンソンが若い頃から感じていたことであった。自身も相当な貧困のなかで育ち,苦労しながらテキサスの小さな教員養成大学を卒業している。大学時代には,店番,ベビーシッター等のアルバイトで学資をかせがねばならず,おしまいには学校の校務員のような

仕事を得ている。めでたく大学を出てすぐにありついたのが，中学校の先生という職業であったが，ここで担当したクラスはメキシコ系の子供たちであって，英語を話せる者も少なく，朝食ぬきで学校に来る者が多かったという。ジョンソン自身の言葉で語ってもらうと，

My first job after college was as a teacher in Cotulla, Tex., in a small Mexican-American school. Few of them could speak English, and I couldn't speak much Spanish. My students were poor and they often came to class without breakfast, hungry. They knew even in their youth the pain of prejudice. They never seemed to know why people disliked them. But they knew it was so, because I saw it in their eyes. I often walked home late in the afternoon, after the classes were finished, wishing there was more that I could do. But all I knew was to teach them the little that I knew, hoping that it might help them against the hardships that lay ahead.

（大学を出てすぐに得たのが，テキサスのコトゥラのメキシコ系アメリカ人の通う，小さな学校の

先生という職でした。生徒の中で英語を話せる者は少なく、私とてあまりスペイン語を話すことはできませんでした。私の生徒たちは貧しく、たびたび朝食ぬきでお腹のすいたままやって来ました。彼らは子供なのに偏見のもたらす苦しみを経験していたのです。何故に自分たちが嫌われるのかは理解できないようでしたが、事実は事実として知っておりました。子供たちの目が私にそう語りかけていたのです。授業がすんで夕ぐれどきに家に帰る頃、私はもっと何かやることがあるはずだとしばしば考えるのでした。しかし私にできることといったら、少ない自分の知識を彼らに与えて、それがあとで多少とも苦しい生活を切り抜けていく上で、役に立つかもしれないと願うことだけだったのです)

　感受性の強い青年時代に、このような貧困と偏見の現場にいたということの意味は大きいと思われる。エネルギーに満ちていた若き日のジョンソンは、まもなくもっと大きなスケールで恵まれない者を救うという行動を起こす。政治家になる決心をしたのである。父親の知り合いの引きがあって、30歳代の初めに貧困者の世話をする州政府の委員になった。そのとき州内のアフリカ系たちは「今度の委員は心底からアフリカ

系のことを考えているぞ」という評判をたてたという。そして，1933年中央政権がフランクリン・ローズベルトの手に移り，ニューディール政策が展開されると，その弱者救済の精神にあこがれてワシントンにやって来ている。中央政界での政治家としてのキャリアはここから始まっている。

思いやりに満ちた言葉

ジョンソン大統領と言えば，アメリカのベトナム戦争介入はなやかな頃の大統領であるため，当時のアメリカの政策と重なって，強引で自己中心的で威圧的な人物のように言われがちである。アメリカ国内でも悪人イメージが強いのであるが，それはまったく一面的な見方と言わざるを得ない。内政を詳しく見ればわかるとおり，むしろジョンソンは同情心にあふれ，正義感の強い人物なのである。しかも，大勢の人間を前にした演説よりも，小人数での話が得意だったし，ケネディのようにしゃれた人物ではなく，どちらかと言えば武骨な男であったが，ジョンソンに直接会った人間は，ほぼ例外なくその人間的な温かさに大きな感銘を受けたという。

ケネディ時代とほぼ同じ顔ぶれの閣僚をもち，共通のブレーンをそろえておきながらも，ジョンソンの話す言葉にはある体温が感じられるのはその人柄ゆえで

3 ジョンソン——壮大なレトリック

あったろう。ケネディはさっそうとして新鮮であったが、どちらかと言えばスタイルが先走っていてややクールな言葉を用いていた。ジョンソンは日常会話ではちょっと卑俗な言葉を用いたと言われるし、傾向として誇大癖はあるものの、温かい思いやりのある言葉を吐いたのである。

ふたたび就任演説に例をとると、次のような思いやりに満ちた言葉が並んでいることに気づく。

In a land of great wealth, families must not live in hopeless poverty.

In a land rich in harvest, children just must not go hungry.

In a land of healing miracles, neighbors must not suffer and die unattended.

In a great land of learning and scholars, young people must be taught to read and write.

（大きな富をもつ国にあって、望みのない貧困のなかにくらす家族があってはならない。

大きな収穫のある国にあって、空腹をかかえる子供がいてはならない。

大きな治療の力をもつ国にあって、苦しむ者がいたり、みとられることなく死ぬ者があってはならない。

教育と学問に多大な力をそそぐ国にあって，若い人々に読み書くことを教えなければならない)

　ジョンソン政権の政策や，大統領の体質をこうして考えてみると，どうしても代表的な演説としてあげたいのが，1964年の「偉大な社会演説」である。すでに述べたように，ベトナム戦争という大事件の最中の大統領であったため，ジョンソンとアメリカの対外政策を結びつけて考えがちである。実際，日本のわれわれにとっては，アメリカの大統領はその対外政策を通してのみ見られがちである。しかし実際には，国内政策と大統領の結びつきのほうがはるかに大きい。ことにジョンソンは，他のどの大統領にもまして国内の政策に力を注いだ人物である。

　そこで，次に掲げるのは，偉大な社会構想のうちの「貧困に対する戦い」を挑んだ部分である。それに続いて，もう1つの巨大な仕事，アフリカ系に完全に平等な権利を保障しようという公民権法の成立を前にして行った議会でのスピーチを検討してみたい。両方の英文は，ともに壮大な構想と貧者やアフリカ系といった弱者への思いやりにあふれたものとなっている。

《War on Poverty (1964)》

I have called for a national war on poverty. Our objective: total victory.

There are millions of Americans—one fifth of our people—who have not shared in the abundance which has been granted to most of us, and on whom the ❶gates of opportunity have been closed.

注❶ opportunity というのは，アメリカ人には神聖なひびきをもった言葉であろう。日本語で「機会」といってもピンとこないが，opportunity こそはアメリカをアメリカたらしめてきた——ということは子供の頃からたたき込まれる。つまりやる気のある者にはすべてもれなく報いがあるとする，アメリカ成立にあたっての信条が opportunity なのだ。

What does this poverty mean to those who endure it?

It means a daily struggle to secure the necessities for even a meager existence. It means that the abundance, the comforts, the opportunities they see all around them are beyond their grasp.

Worst of all, it means hopelessness for the young.

The young man or woman who grows up without a decent education, in a broken home, in a hostile and squalid environment, in ill health or in the face of racial injustice—that young man or woman is often ❷trapped in a life of poverty.

注❷貧困のなかにはまり込んでしまって抜け出せない trapped in a life of poverty のは，教育を受けられなかったり家庭事情に問題があったり，社会環境が悪かったり健康でなかったり，人種差別があったりするせいだ，という論法は，典型的な民主党の発想であり，ニューディール政策に心酔していたジョンソンの面目躍如とした部分。19世紀のアメリカでは，貧乏なのは本人が悪いからだ，本人の努力不足ゆえに劣悪な生活をせざるを得ないのだとする考え方が主流を占めていた。貧困本人起因説である。その考えで行けば，金持になったのは本人が大いに努力をしたからであるとなる。したがって社会としては人々の努力をうながすだけでよく，人は努力しさえすればそれこそ opportunity がめぐって来て，豊かになれると考えられていた。

ところが，20世紀に入ってから事態は必ずしもそうではなく，貧困の原因は社会にもあるとする認識が受け入れられていった。社会のしくみゆえに貧

困にあえがざるを得ない人がいるとなると，社会（国家）の責任として貧困者を救っていかなくてはならない。そういう発想を強く前面に押し出したのがニューディール政策であり，戦後の民主党政策であった。

本人に原因があるのか社会に原因があるのかという発想の対立は，大ざっぱに言うと共和党と民主党の対立となって今日にいたっている。だから共和党のレーガンは，政府ではなく個人のイニシアチブや民間企業の活力に期待するといった「レーガノミックス」の政治を展開した。

He does not have the skills demanded by a complex society. He does not know how to acquire those skills. He faces a ❸mounting sense of despair which drains initiative and ambition and energy.

注❸絶望的な気持をいだけば，やる気も野心もエネルギーも出なくなってしまう（だから何とか助けてやらねばならない）というのは弱者の心理状態にまで立ち入った思い入れである。ケネディが単純に人々に檄(げき)を飛ばしていたとすると，ジョンソンは老練な政治家らしく，弱者の気持に同情と理解を示す。

The war on poverty is not a struggle simply to support people, to make them dependent on the generosity of others.

It is a struggle to give people a chance.

It is an effort to allow them to develop and use their capacities, as we have been allowed to develop and use ours, so that they can share, as others share, in the promise of this nation.

We do this, first of all, because it is right that we should.

From the establishment of public education and ❹ land grant colleges through agricultural extension and encouragement to industry, we have pursued the goal of a nation with full and increasing opportunities for all its citizens.

注❹ land grant college というのは連邦政府が所有地を州政府に与えて (grant)，その土地を元手にした資金で大学をつくらせたという19世紀の制度。今日の州立大学は大部分こうして生まれた。そして州立大学は地方における農業知識の普及 (agricultural extension) や化学，工学の知識の普及に貢献した。したがって今日でも多くの州立大学は学問の探究を極めるというよりも，知識を広めるという

「教育機関」としての立場を保持している。

The war on poverty is a further step in that pursuit.

We do it also because helping some will increase the prosperity of all.

Our fight against poverty will be an investment in the most valuable of our resources—the skills and strength of our people.

And in the future, as in the past, this investment will return its cost many fold to our entire economy.

If we can raise the annual earnings of 10 million among the poor by only $1,000 we will have added 14 billion dollars a year to our national output. In addition we can make important reductions in public assistance payments which now cost us 4 billion dollars a year, and in the large costs of fighting crime and delinquency, disease and hunger.

This is only part of the story.

Our history has proved that each time we broaden the base of abundance, giving more people the chance to produce and consume, we create new industry, higher production, increased earnings and better income for all.

Giving new opportunity to those who have little will enrich the lives of all the rest.

Because it is right, because it is wise, and because, for the first time in our history, it is possible to conquer poverty, I submit, for the consideration of the Congress and the country, ❺ the Economic Opportunity Act of 1964.

注❺この the Economic Opportunity Act of 1964 はついに議会が承認し，9億4750万ドルの予算がつくことになる。この法律にもとづいて，主にアフリカ系の青少年に職業訓練をしたり，教育を与えるための「Job Corps（職業訓練部隊）」がつくられた。Job Corps はケネディ時代に創設された「Peace Corps（平和部隊）」の国内版で，世界の困った人を助けるのもよいが，国内の人間も助けようと考えられたもの。「偉大な社会」づくりの大事な部分であった。

The Act does not merely expand old programs or improve what is already being done.

It charts a new course.

It strikes at the causes, not just the consequences of poverty.

❻ It can be a milestone in our one-hundred-eighty

year search for a better life for our people.

注❻貧困に対する戦い（具体的には経済機会均等法）は180年間の歴史のなかの画期的な出来事だとする表現は，前に述べたようにスケールの大きい歴史的認識である。そしてこの大計画は民主党の力の強かった議会を無事通過するが，各界，特に保守勢力から猛烈な反発を招くことになった。曰く，選挙のための票かせぎだ，個人のやる気をそぐ，政府の介入のしすぎ，社会主義的すぎる，重税につながる等々。たとえばクリーブランド市の新聞「Plain Dealer」は次のような批判的な社説を掲げた。

　　The political astuteness of President Johnson is nowhere better illustrated than by his proposal described as the "antipoverty program" or the "war on poverty." It has more than a faint odor of hokum about it, but its implications are that anyone bold enough to question or peer deeply into it must be in favor of poverty－and that's politically and socially disastrous.

　（ジョンソン大統領が政治的にぬけ目がないということは，いわゆる「貧困撲滅計画」とか

「貧困に対する戦争」をみればよくわかる。これは大統領のでたらめぶりを色濃くただよわせており，問題を直視したりよく研究をすれば，だれでも貧乏の味方になると考えられているらしいが，それは政治的にも社会的にも破滅的なことである）

《Proposal for the Civil Rights Act (1965)》

❼ Mr. Speaker, Mr. President, Members of the Congress:

注❼ Speakerは下院議長，Presidentはこの場合上院議長。アメリカでは政府の高位の役職者をMr.で呼びかけることになっていて，大統領もMr. Presidentである。だから副大統領にはMr. Vice-President... と呼びかける。

I speak tonight for the dignity of man and the destiny of democracy.

I urge every member of both parties, Americans of all religions and of all colors, from every section of this country, to join me in that cause.

At times history and fate meet at a single time in a single place to shape a turning point in man's unending search for freedom. **❽** So it was at Lexington and Concord. So it was a century ago at Appomattox. So it was last week in Selma, Alabama.

注❽ Lexingtonは，独立戦争のときにイギリス軍を破って戦いが決定的に有利になった場所。Concord はイギリス軍とアメリカ側が初めて銃撃戦を行ったボストン郊外の村。ここから独立戦が始まったとされる聖地である。Appomattox は，時代がさがって南北戦争のときの戦場で北軍が有利になるきっかけとなった所。日本の関ケ原に相当する。そのあとの Selma はアフリカ系の投票権を主張してデモが行われ，アラバマ州兵と対立して流血事件となった所。ボストンの牧師が白人の一団によってなぐり殺された。

There, long-suffering men and women peacefully protested the denial of their rights as Americans. Many were brutally assaulted. One good man, a man of God, was killed.

❾ There is no cause for pride in what has happened in Selma. There is no cause for self-satisfaction in the long denial of equal rights of millions of Americans. But there is cause for hope and for faith in our democracy in what is happening here tonight.

注❾ There is no cause... There is no cause... と続けてから，But there is cause というのはケネディにも見られたレトリックの方法で，But 云々の文章が強調される。

For the cries of pain and the hymns and protests of oppressed people have summoned into convocation all the majesty of this great Government—the Government of the greatest Nation on earth.

❿ Our mission is at once the oldest and the most basic of this country: to right wrong, to do justice, to serve man.

注❿このあたりは壮大な話である。前節では「地上最大の政府が抑圧された人々を助けるべく立ち上がる」し，次には「悪しきを正し，正義を行う」。

In our time we have come to live with moments of great crisis. Our lives have been marked with debate about great issues; issues of war and peace, issues of prosperity and depression. But rarely in any time does an issue lay bare the secret heart of America itself. Rarely are we met with a challenge, not to our growth or abundance, our welfare or our security, but rather to the values and the purposes and the meaning of our beloved Nation.

The issue of equal rights for American ⓫ Negroes is such an issue. And should we defeat every enemy, should we double our wealth and conquer the stars, and still be unequal to this issue, then we will have failed as a people and as a nation.

注⓫「negro」という表現はこの時代まではよかったが、数年たった 1960 年代末には「いけない言葉」となった。代わって使うべき言葉は「black」。「negro」は奴隷制度始まって以来使われてきた言葉であるがゆえに、様々なマイナスイメージ (negative connotation) を引きずっている。それに対して「black」は 60 年代の公民権支持者たちが言い出した表現で、「Black is beautiful.」など黒い肌の美しさを積極的に評価しようという前向きのイメージをもつ。

シカゴで発行される雑誌「エボニー」の女性編集長を 60 年代末に訪ねたときのことである。ついうっかり話のなかで「negro」と使ったら、「No. you should use *black* from now on.」ときびしくたしなめられた思い出が筆者にはある。もちろんそれ以来筆者にとっても黒人 = black である。

アメリカの文献などを調べるときに、「negro」が現れると「この文献は 1960 年代以前のものだな」とすぐにわかる。公文書でも 60 年代後半以降は「negro」ではなく「black」。それが最近では African-American となっている。

For with a country as with a person, "What is a

man profited, if he shall gain the whole world, and lose his own soul?"

There is no Negro problem. There is no Southern problem. There is no Northern problem. There is only an American problem. ❿ And we are met here tonight as Americans―not as Democrats or Republicans―we are met here as Americans to solve that problem.

注❿アフリカ系指導者の１人マーチン・ルーサー・キング牧師を中心とする運動のおかげで，1964年に公民権法が通過していた。これによってレストラン，学校等の公の場所でアフリカ系を差別することは違法となったが，黒人の政治への参加はむずかしい状態にあった。そこでキング牧師たちはアラバマ州セルマの町で集会を開き，州都のモンゴメリーに向けて行進を開始しようとしていたのだが，州兵が介入した。州兵がデモ中のアフリカ系をなぐる，けるといった暴行を働いて集会は散会させられるが，実はそのなまなましいありさまを何百万ものアメリカ人がテレビ中継で見ていたのである。

全国は騒然となり，南部の人種差別を批難する声が高まった。ジョンソンはタイミングよろしくその機会をとらえたのである。事件の１週間後（3月15

日）全国の興奮さめやらぬうちになされたこのスピーチは，アフリカ系に投票権を与えるという法案提出に際してのもの。演説には具体的な例から国家の拠って立つ理念やら，個人的体験談やら聖書の引用などがまぜ込まれており，ゴッタ煮の感がある。しかもレトリックのはなばなしさやスピーチの軽快感はなく，文章も長めで重いものとなっているが，そこにこの話し手の真剣さを見ることができよう。この法案通過のために，当時考えられるホワイトハウスのあらゆる威信と法的権力と道徳的説得力が動員された。

Our fathers believed that if this noble view of the rights of man was to flourish, it must be rooted in democracy. The most basic right of all was the right to choose your own leaders. The history of this country, in large measure, is the history of the expansion of that right to all of our people.

Many of the issues of civil rights are very complex and most difficult. But about this there can and should be no argument. Every American citizen must have an equal right to vote. There is no reason which can excuse the denial of that right. There is no duty which weighs more heavily on us than the duty we have to ensure that right.

Yet the harsh fact is that in many places in this country men and women are kept from voting simply because they are Negroes....

Experience has clearly shown that the existing process of law cannot overcome systematic and ingenious discrimination. No law that we now have on the books—and I have helped to put three of them there—can ensure the right to vote when local officials are determined to deny it.

In such a case our duty must be clear to all of us. The Constitution says that no person shall be kept from voting because of his race or his color. We have all sworn an oath before God to support and to defend that Constitution. We must now act in obedience to that oath.

《貧困に対する戦争の宣言 (1964)》

　私は貧困に対する国をあげての戦争を要請しました。私たちの目的，それは完璧な勝利です。

　何百万ものアメリカ人，つまり国民の5分の1にあたる人々が私たちが普通享受している豊かさを知りません。出口のない状態におかれているのです。

　貧困は一体何をもたらすのでしょうか。

　それはささやかな生活をするためにも大いに苦労しなければならないということであり，身の回りに見る豊かさや快適さや人生の機会といったものが，自分とは無縁だという状況なのです。そして何にもまして，若者にとっての絶望を意味するのです。

　まっとうな教育を受けることのできない若者，破壊された家庭に育った者，敵意とみじめさに囲まれ，病気や人種差別を経験した若者たちは，一生涯貧困のなかにくらすことが多いのです。

　こういう若者は，複雑な社会に生きていくだけの技術をもっていません。その技術を入手する方法も知りません。したがって絶望感はつのるばかりで，その結果やる気も野心も活力も失われていきます。

　貧困に対する戦いは，単に援助を施し，貧困者が他人

に依存するようにしくむということではありません。
　それは人々にチャンスを与えるための戦いなのです。
　私たちは自分の能力を伸ばしそれを利用することができましたが，貧困に対する戦いは貧しい人々も同じ能力をつけ，自らの力を発揮することができるようにするためのものです。私たちと同じように貧困にあえぐ者もこの国の未来に参加できるための戦争です。戦いを挑むのは，第一にそれを行うという義務があるからです。公教育の開始，農業知識の普及をもとにした州立大学の設立，産業発展の後押しなどを通じて，私たちはすべての国民により多くの機会を与えるという，国の目標を進めてきました。貧困に対する戦いは，それをさらに一歩進めるものです。戦いを挑むのは，その結果としてすべての国民に益が及ぶからです。貧困に対する戦いは，私たちにとって最も大切な資源への投資です。つまり国民の技術と能力に対する投資です。そして将来この投資は何倍にもなって国の経済全体に貢献するということは，過去の経験が示しています。
　1000万人に及ぶ貧困者の年間収入を1人1000ドルずつ上げただけでも，国の生産高は140億ドルも上昇することになります。その結果さらに年間40億ドル

に及ぶ福祉費用は低減されるでしょうし，犯罪や不良行為，病気や飢え防止のための大きな出費も減らすことができましょう。

しかし，それだけではありません。

いままでの経験によれば，より多くの人が豊かな生活を送るようになり，人々が生産と消費に従事できることになると，結果として新しい産業が興り，生産力は増え，すべての者にとって所得や収益が上がるようになります。

もたざる者に新たな機会を与えることにより，すべての国民がより豊かになるのです。それは正しいことであり，賢明なことであります。いまや人類の歴史上初めて貧困を克服することが可能となりました。それゆえ，私は議会の前に「1964年経済機会均等法」を提出いたします。この法律は単に，古くからあるものを拡大したり改良するものではありません。

それは新しい道を示すものです。

それは貧困の結果に対処するものではなく，原因にかかわろうとする法律です。この法律は国民によりよい人生をもたらすべく，180年間の歴史を歩んできた私たちにとっての記念碑であります。

《公民権法案提出に際して (1965)》

下院議長,上院議長,議員の皆さん。

私は今夜人間の尊厳と民主主義の命運についてお話をいたします。

各政党に属する皆さん,あらゆる宗教を信じる人々,あらゆる皮膚の色をもちあらゆる地方に住むすべてのアメリカ人にお願いがあります。

歴史と運命がある時ある場所で交叉し,人間による不断の自由追求にとっての大事なきっかけとなる時というものがあります。レキシントンとコンコードがそうでした。1世紀前のアポマトックスがそうでした。そして先週のアラバマ州セルマがもう一つの場所なのです。

この地で長い苦しみに耐えぬいた男や女が,アメリカ国民としての権利を与えられていないとして平和裡に行進していました。しかし,そこで多くの者が暴力にさらされました。1人の人物,神に仕える人物が殺されました。

セルマで起こったことを,私たちは自慢することはできません。何百万人ものアメリカ人に,平等な権利が長期にわたって与えられなかったことを,満足に思

うわけにはいきません。しかし,今晩ここで起こりつつあることを考えれば,私たちの民主主義に対する希望と信頼が湧きあがってくるのであります。

抑圧された人々のさけび声と神への歌と不満の声が,偉大な政府——地上で最大の国の政府の大きな力をここに結集させました。

私たちがなさなければならないのは,アメリカで最も古く最も基本的な務めです。それは悪を正し,正義を行い,人類に奉仕するということです。

いまという時代を生きるにあたって,私たちはさまざまな危機を経験してきました。私たちは大きな問題について論議してきました。戦争と平和をめぐる論議,繁栄と不況をめぐる論議。しかしアメリカのかくされた本性をあらわにするような論議というものはありませんでした。私たちの経済発展と豊かさ,福祉と安全が問題とされることはありましたが,私たちの愛する国家の価値と目的と意義が試されることはありませんでした。

しかし,アメリカの黒人の権利をめぐる論議は,そうした大きな問題なのです。私たちがすべての敵を打ち負かし,富を2倍にし,宇宙を征服したとしても,国内に不平等が残る限り,国民として,国家としては失敗したということになります。

1人の人間と同じく国家にも次の言葉があてはまります。「全世界を得たとしても魂を失うならば何の意味があろうか？」

　これは黒人の問題ではありません。南部の問題ではありません。北部の問題ではありません。それはアメリカの問題なのです。私たちは今晩アメリカ人としてここに集いました。民主党員や共和党員としてではなく，問題に対処するためにアメリカ人として集まっています。

　私たちの父祖は，人間の権利という高貴な思想は民主主義に根を下ろして維持されなくてはならないと考えました。万人にとって一番基本的な権利は自らの指導者を選ぶという権利です。この国の歴史の流れを大きく言えば，自らの指導者を選ぶという権利が段階的にすべての人に与えられていくという過程でもありました。

　公民権をめぐる複雑でむずかしい問題が多くあります。しかし，次のことにはだれも異存はないはずです。つまり，すべてのアメリカ国民は等しく投票する権利をもたなくてはならない。この権利を他人からうばう理由はどこにもあるはずがありません。この権利を守るよりも大事な責務もほかに見当たりません。

　しかしながら，現実にはこの国の多くの場所で黒人

であるという理由だけで，多くの男女が投票の権利を拒否されています。

〔中略〕

　いくら現存の法律を用いても，人間の計画的な悪知恵に打ち勝つことはできないことが判明しました。現存のいかなる法も——私の定めた3つの法律を含めて，地元の担当者が妨害の手段を講じるなら効き目はありません。

　こうした状態のもとで私たちのやるべきことは明白です。憲法は，人種，皮膚の色によって投票を禁じてはならないと定めています。そして私たちは神の前で憲法を支持し守るという約束をいたしました。いまこそはその約束を守るべく行動を起こすときなのであります。

4 ニクソン──言い訳がましい文体

1969年1月,就任後初めてホワイトハウスで書類に署名するニクソン

1節にIが4回

 ジョンソンについで第37代大統領になったのは，リチャード・M・ニクソン（Richard M. Nixon，在職1969-74）であったが，ニクソンほどパラドックスに満ちた大統領もいない。

 名もないカリフォルニア出身の上院議員時代に反共産主義の流れに乗って浮上し，アイゼンハワー大統領の副大統領となった。1960年の大統領戦で10万票の差でケネディに敗れ，1968年に雪辱をはたした。

 そのニクソンの英語は，前任者のジョンソンやケネディとはまた異質なものであった。ケネディの言葉は明快で歯切れがよいものだったし，ジョンソンの言葉は荘重なひびきをもっていた。しかしニクソンの英語はどこか言い訳がましいところがある。

 For more than a quarter of a century in public life, I have shared in the turbulent history of this era. I have fought for what I believed in. I have tried, to the best of my ability, to discharge those duties and meet those responsibilities that were entrusted to me.

 （公職について25年以上になりますが，激動の時代でした。私は信念をつらぬきました。私は能力の限りをつくして私に与えられた任務と責任を

まっとうしようといたしました)

これはニクソン最後の演説となった 1974 年の離任の言葉であるが，I have shared とか I believed in, I have fought, I have tried などと 1 節のなかに I が 4 回も出てくる。離任という特殊な状況であったにしても，大統領がこれだけ「私」にこだわるのはいささか異常な自己執着であり，言い訳がましい。

これはウォーターゲート事件で大統領の座を去らなければならなかったときの言葉であったが，ほかにも人生が思うような方向に向かわなかったときには，ニクソンは数々の「名言」を残している。アイゼンハワー政権下で副大統領を務めたあと，1962 年にカリフォルニア州の知事に立候補した。カリフォルニアという大きな州の知事になれば，ホワイトハウスも射程内に入るという政治上の計算のうえであった。ところが見事に落選してしまう。そのとき，ニクソンは，

　　You won't have Richard Nixon to kick around any more.
　　(これでいじめることのできるリチャード・ニクソンはいなくなるさ)

と述べた。落選した人物の捨てゼリフというよりも，

いかにもニクソンらしい自己憐憫(れんびん)の言葉である。

悪名高いチェッカーズ・スピーチ

「名言」のうちでも特に有名なのが，Checker's Speechである。1955年に国民的英雄のアイゼンハワーの副大統領候補としてキャンペーン中のことであった。口の悪いマスコミも，さすがにヨーロッパ戦線の英雄であったアイゼンハワーの悪口は言わなかったが，ニクソンには数々の批難が集中することになった。そして，ついには上院議員時代に不正な金銭上の操作を行ったことが発覚して大さわぎになった。そこで，共和党の首脳部が真剣にニクソンの更迭(こうてつ)を検討している最中に，テレビに出て釈明することになった。釈明の内容は「自分は悪いことをしていない」というお定まりのものであったが，話の終わりにこう言った。

　　悪いことをしてもいない男を皆がどうしてこうも寄ってたかっていじめるのであろうか。私だってひとりの男として妻や2人の娘たちを支え養っていかなくてはならないのです。それにチェッカーという犬だっているのです！

と，ここで涙を流したのである。これを見ていた国民のなかには同情する者もいたが，「何ということだ。

涙を流すのはもちろん，犬の名前まで口にして同情を買おうとするとは」という意見が巻き起こった。それでも同情を集めることができたのか，ニクソンはクビにならずに済み，めでたく副大統領になるのだが，犬の名まで出した釈明の一件は忘れ去られることなく，今日でも Checker's Speech といういささか皮肉な呼び名で知られている。それは極めてかっこうの悪い，潔くない小心な人物のスピーチの代名詞でもある。

　ところが，ニクソンは単に小心翼々とした人物なのではない。「私」について語り，家族や犬のことを引きあいに出して同情を買おうとする一方において，極めてするどいやり手の面をもっているのである。特に政治的には，共産主義に対して一歩も引かない強い態度を保持し続け，筋金入りの反共の闘士といった側面をもち合わせている。1978年に出版された『リチャード・ニクソン自伝』には次のようなくだりがある。

In the late 1940s and during the 1950s I had seen communism spread to China and other parts of Asia, and to Africa and South America, under the camouflage of parties of socialist revolution, or under the guise of wars of national liberation. And, finally, during the 1960s I had watched as Peking and Moscow became rivals for the role of leadership in the Communist world.

Never once in my career have I doubted that the Communists mean it when they say that their goal is to bring the world under Communist control. Nor have I ever forgotten Whittaker Chambers's chilling comment that when he left communism, he had the feeling he was leaving the winning side.

(1940年代末と50年代にかけて共産主義が、中国やアジア諸国、アフリカ、南アメリカに社会主義革命支持政党とか民族解放戦線の名のもとに広がっていくのを私は見た。さらに60年代にいたって、北京とモスクワが共産主義世界のリーダーシップを争い始めたのである。

共産主義国が、自分たちの目的は世界を支配下におくことだと言うとき、私は1度たりともそれを疑ったことはない。ウィティカ・チェンバーズが共産主義をすてたとき、日の出の勢いの世界から身を引くように思ったという、あの身の毛のよだつような発言も忘れることができない)

ファイターにして小心者

ウィティカ・チェンバーズとは、アメリカの共産主

4 ニクソン──言い訳がましい文体

義者で後に転向することになった人物だが、この男の告白をもとに1950年代の赤狩りは勢いを増して、「あやしい」人物が次々とヤリ玉にあげられ、社会からほうむり去られていったのであった。その赤狩りの風潮のなかで反共の闘士として有名になり、政治の世界の表舞台におどり出たのが、ウィスコンシン州のジョーゼフ・マッカーシー議員や、カリフォルニア州の若きニクソン議員だった。ニクソンはその後反共路線をつらぬくことで政治的出世をはたし、アイゼンハワー時代の副大統領となり、ついには1969年に念願の大統領職を手に入れたというわけであった。

　反共の闘士ニクソンは、フルシチョフとの「キッチン論争」でも有名である。モスクワで博覧会が開かれたときのことである。アメリカ展の部分では、いかにアメリカの生活は豊かなものかを誇示するような展示物が多かった。ニクソンは副大統領としてフルシチョフ首相の案内役となり、アメリカのモデルハウスに入った。そして、ここぞとばかりにピカピカの台所につれていったのである。

　台所はアメリカの消費生活のシンボルである。大型冷蔵庫やオーブン、トースターに電気缶開け器等々の、当時のモスクワではめずらしい電化製品がいっぱいあった。しかしフルシチョフは豊かなアメリカンライフに動じることなく、即座に「こういうガラクタを資

本主義のシステムが売りつけるから，人民の生活は借金で苦しくなるばかり」という類のことを言った。

ニクソンはすぐにその発言にかみつき，2人はその場に立ったまま，なんと2時間以上も応酬し合ったのである。このときのキッチンでの大論争の様子は写真入りで大々的に報道され，ファイターのニクソン，アメリカ的体制の擁護者としてのニクソンというイメージが固まった。

いわばニクソンは，小心な人物とやり手の闘士という二面性を強くもった大統領なのである。小心さと大胆さの間をゆれ動いていたのがニクソンだった。したがって，場合によっては一見理解に苦しむような発言や行動をするというパラドキシカルなところがある。小心さゆえに打ちのめされそうになるが，闘士の部分が頭をもたげて偉大な人物の素振りを見せる。偉大であるかと思うと，思いもかけず小人物が現れる。

帝王？　ニクソン

このようなニクソン大統領のスタイルを象徴的にあらわしたのが，「ホワイトハウス護衛兵制服事件」であった。ホワイトハウスの護衛は伝統的に海兵隊が行うことになっている。戦争があればまっ先に敵の陣地に乗り込むのがアメリカの海兵隊 marines であるが，それだけに誇りも高い。その誇り高い海兵隊に与えら

れた最高の栄誉が, ホワイトハウスの護衛という任務である。選りすぐりの海兵隊員が, 金モールなどのついた正装をしてホワイトハウスの入口に直立不動の姿勢で立っている。

ところが, 海兵隊員はあくまでも戦争の第一線に立つ特殊な兵隊である。正装といってもさほど手のこんだものではない。船の一等航海士の制服みたいなもので, どちらかと言えば機能的でシンプルなものだ。それが大統領になりたてのニクソンには気に食わなかったらしい。さっそくデザイナーが呼ばれ, ホワイトハウスにふさわしい制服がつくられることになった。

アメリカは世界の超大国として世界に絶大な影響力をもっていたから, そのパワーの中心にふさわしいデザインを, ということであった。さらに, ケネディ, ジョンソンと続いて, 大物がホワイトハウスの住人であったから, やはりそのような「大統領」に見合うだけの威厳が護衛の服装にも必要だと考えられた。

その結果できあがってきた制服は, しかしながら, 世論の袋だたきにあうことになる。ちょうどイギリスのバッキンガム宮殿の衛兵にそっくりの服装で, 高くもりあがった帽子を深々と被り, 金で縁取りされた赤いジャケットを着て, 腰にはピカピカのサーベルをつるすというものであった。見方によっては, 従来の紺色の実用的な服よりもよほどカラフルで, おとぎの国

の兵隊のようで可愛らしかったのであるが,「いよいよニクソンは王様のまねを始めた」とか,「これはニクソンの帝王意識 imperial President の現れだ」などと,マスメディアはこぞって反論を展開した。

ちょうどこの頃ホワイトハウスのディナーパーティーで通訳をする機会があったのだが,たしかにそこには不思議な光景が展開していた。背の高い堂々とした体格の海兵隊員が,マンガの国から抜け出してきたような服装をしてしかつめらしくあちらこちらに立っている。その間を黒っぽい背広を着て歩いているニクソンにはどうも落着きがない。ホワイトハウスの主人という品格が見えないのである。むしろ小悪人という印象のぬけない人物が,背中をまるめながらチョロチョロ通り抜けている……。

これほどのパラドックスもまたとないのではなかったろうか。当時のソビエトと対立して自由世界を率いる超大国アメリカ。その中心地のホワイトハウスの仰々しい様子。そして,巨大で大げさなしかけのなかの本体は哀れにも小さな存在。まるで「オズの魔法使い」の正体を見るような光景であった。

護衛兵の制服はいつの間にか元にもどされ,100年前と変わらない服装が今日でも守られている。しかし,たとえ短期間であったとはいえ,あのかつての絶対君主の宮殿にぴったりな風情の衛兵の服とニクソン

大統領のパラドックスぶりは，歴史から消え去ったわけではない。

ウォーターゲート・テープ

小心さと大胆さのゆれ具合を，もう一度英語の実例をもとにして考えてみよう。いよいよウォーターゲート事件が大詰めを迎えて，ニクソンが辞任をしてホワイトハウスを去る1974年8月9日のことである。すっかり弱気になってしまった大統領は，その日の朝集まってきたホワイトハウスのスタッフを前にしてお別れの言葉を述べるのであるが，それはスタッフの心の温かさや子供たちのことに関する涙ながらの話となった。そこでは天下国家や共産主義の脅威云々という発想はみられず，もっぱらこまごまとした日常生活の思い出話が中心となった。そして自分の父親のことを思い出すのである。

> I remember my old man. I think that they would have called him sort of a little man, common man. He didn't consider himself that way. You know what he was? He was a streetcar motorman first, and then he was a farmer, and then he had a lemon ranch. It was the poorest lemon ranch in California, I can assure

you. He sold it before they found oil on it. [*Laughter*] And then he was a grocer. But he was a great man, because he did his job, and every job counts up to the hilt, regardless of what happens.

（私は親父のことを思い出します。おそらく父はとるに足らない人物、つまり普通の人間と思われていたと思います。でも父は自分ではそうは考えていませんでした。父は何をやっていたと思いますか。最初は路面電車の運転士でした。その次に農民になり、次にはレモン農場の所有者になりました。それはカリフォルニアで一番貧弱な農場だったことは確かです。で、そこは石油が発見される前に売り払ってしまいました。〔笑い〕そのあと八百屋になりました。それでも父は偉大な人間だったのです。なぜなら結末がどうであろうと、自分の仕事は徹底的にやったからです）

このような貧しい家庭環境に育ったのなら、謙虚さとでもいったものを身につけていてもよさそうなものだが、権力の座についていたときのニクソンは傲慢そのもので、自分に敵対するものは（国家権力をふりまわしてでも）つぶしてしまえという気持をいだいていた。例の皇帝の衛兵のような制服もその一例だが、こ

こに引用するのはウォーターゲート事件が大問題となっていた 1972 年の 6 月に，ホワイトハウス内で交わされた会話である。裁判所の命令によってニクソン側がしぶしぶ提出したテープにもとづくもので，当時のホワイトハウス内での会話の様子がよくわかるという珍しいものだが，最高権力の座にある者の思いあがりを，行間に読みとっていただきたい。

相手は腹心のホルデマンで，2 人は FBI（連邦捜査局）がしつこく事件の核心にせまってくるのなら，CIA（中央情報局）が絡んでいるということをにおわせて，捜査を中止させようと相談している場面である。

PRESIDENT: Of course, this is a, this is a Hunt, you will—that will uncover a lot of things. You open that scab there's a hell of a lot of things and that we just feel that it would be very detrimental to have this thing go any further. This involves these Cubans, Hunt, and a lot of hanky-panky that we have nothing to do with ourselves. Well what the hell, did Mitchell know about this thing to any much of a degree?

HALDEMAN: I think so. I don't think he knew the details, but I think he knew.

PRESIDENT: He didn't know how it was going to be handled though, with Dahlberg and the Texans and so forth? Well who was the asshole that did? [*Unintelligible*] Is it Liddy? Is that the fellow? He must be a little nuts.

HALDEMAN: He is.

PRESIDENT: I mean he just isn't well screwed on, is he? Isn't that the problem?

HALDEMAN: No, but he was under pressure, apparently, to get more information, and as he got more pressure, he pushed the people harder to move harder on...

....

HALDEMAN: The FBI interviewed Colson yesterday. They determined that would be a good thing to do.

PRESIDENT: Um hum.

HALDEMAN: Ah, to have him take a...

PRESIDENT: Uh hum.

HALDEMAN: An interrogation, which he did, and that the FBI guys working the case had concluded that there were one or two possibilities, one, that this was a White House, they don't think that there is anything at the Election Committee, they think it was either a White House operation and they had some obscure reasons for it, nonpolitical...

PRESIDENT: Uh huh.

HALDEMAN: ...or it was a...

PRESIDENT: Cuban thing—

HALDEMAN: Cubans and the CIA. And after their interrogation of, of...

PRESIDENT: ...Colson.

HALDEMAN: Colson, yesterday, they concluded it was not the White House, but are now convinced it is a CIA thing, so the CIA turnoff would...

PRESIDENT: Well, not sure of their analysis, I'm not going to get that involved. I'm [*unintelligible*].

HALDEMAN: No, sir. We don't want you to.

PRESIDENT: You call them in.

....

PRESIDENT: Good. Good deal. Play it tough. That's the way they play it and that's the way we are going to play it.

HALDEMAN: O.K. We'll do it.

PRESIDENT: Yeah, when I saw that news summary item, I of course knew it was a bunch of crap, but I thought, ah, well it's good to have them off on this wild hair thing because when they start bugging us, which they have, we'll know our little boys will not know how to handle it. I hope they will though. You never know. Maybe, you think about it. Good!

....

PRESIDENT: When you get in these people...when you get these people in, say: "Look, the problem is that this will open the whole, the whole Bay of Pigs thing, and the President just feels that" ah, without going into the details...don't, don't lie to them to the extent to say there is no involvement, but just say this is sort of a comedy of errors, bizarre, without getting into it, "the President believes that it is going to open the whole Bay of Pigs thing up again." And, ah because these people are plugging for, for keeps and that they should call the FBI in and say that we wish for the country,

4 ニクソン——言い訳がましい文体   135

don't go any further into this case, period!
HALDEMAN: O.K.
PRESIDENT: That's the way to put it, do it straight. [*Unintelligible*]
HALDEMAN: Get more done for our cause by the opposition than by us at this point.
PRESIDENT: You think so?
HALDEMAN: I think so, yeah.

(大統領:もちろんこれはハントがらみさ。で,ゾロゾロたくさんのことが出てくるぞ。かさぶたを取ったが最後,バカみたいにいろんなことが表に出る。だからこれ以上突っ込まれたくないというのがこっちの気持よ。キューバ人,ハントその他のクソミソといった,こっちのあずかり知らんことが出てくる。で,どうなんかね。〔検事総長の〕ミッチェルは多少はこのことを知っとるのかね。

ホルデマン:だと思いますね。細かいことは知らないと思いますが,知っていたことは知っていたんです。

大統領:だけど,ダールバーグやテキサスの人物なんかがお出ましになるとは思わなかった,という訳だな。で,それをやったくそ野郎はだれなんだ?〔意味不明〕リディなの

か。そいつかね。アホじゃないのか, そいつは。
ホルデマン：やつです。
大統領：そいつはおつむのネジがゆるいんじゃないの。そうなんだろ。
ホルデマン：そうでもないんですが, 圧力がかかっていたのは事実です。情報を手に入れよという圧力が強まって, それでますます手下にハッパをかけて……。

〔中略〕

ホルデマン：FBIはコールソンと昨日会っています。そのほうがよいという判断をしたらしい。
大統領：ウン, ウン。
ホルデマン：で, やっこさんに……。
大統領：ウン, ウン。
ホルデマン：査問をしようと。査問をしたあげくFBIの連中は2つの方向をにらんでいるわけです。1つはこれはホワイトハウスがしでかしたことだと。選挙委員会ではないと。FBIはホワイトハウスがやった可能性があるんじゃないかと理屈をつけているんですが, 政治がらみじゃない……。
大統領：ウン, ウン。

4 ニクソン——言い訳がましい文体　137

ホルデマン：あるいは……。
大統領：キューバだと。
ホルデマン：キューバとCIAだと。で査問したあと……。
大統領：コールソンの。
ホルデマン：昨日コールソンの話を聞いてこれはホワイトハウスではないと。で，今はCIAのやったことにちがいないと。コトがCIAに向かうとなると……。
大統領：でも連中がどう考えるかはわからんよ。私はあんまり首を突っ込みたくない。私は〔意味不明〕。
ホルデマン：おっしゃる通りです。首を突っ込まないでください。
大統領：だからお前から連中に言ったら。

〔中略〕

大統領：なかなかよろしい。つっぱってやれ。それが連中のやり方なんだから，こっちもつっぱるわけよ。
ホルデマン：そういうことです。
大統領：そういうこと。例の記事の要約を見たんだが，どうしようもないガセネタだということは当然としても，私が考えたのは連中が

この国際陰謀物語にとらわれているのは悪いこっちゃないと。前のようにこっちに矛先が向かったんじゃ，ウチの小僧どもの手におえなくなるもんなあ。CIA がつっぱってくれればいいけど，どうなるのかね。まあ悪くはないんじゃないの。

〔中略〕

大統領：連中が来たらな，連中が来たら言ってやれ，「お前さんたちがあばきたてると，キューバのピグ湾事件が全部明るみに出るんだぞ。大統領はそれを考えておる」ということだ。細かいことは言うことはないが……。で，ウソはこっちが全然加担していなかったというウソは言わんほうがいいが，そこまで言わないで，これはふしぎな手ちがいの喜劇であったと。「この問題をむし返したら〔キューバの〕ピグ湾の一件がむし返されると大統領は考えている」と。で，この連中は獲物をほしがっているわけなんで，FBI を呼んでオレたちは国のためを思っているんだと。これ以上この件に深入りせんほうがいい。わかったな。

ホルデマン：はい。

大統領：という線でいこう。うまくやれ〔意味不明〕。

ホルデマン：これで敵さんは私たち自身がやりたくてもできなかったようなことを私たちにしてくれたわけです。

大統領：そう思うか。

ホルデマン：ええ。私は，だと思いますね。

ニクソンのパラドックス

　ところが，こうしたホワイトハウスの思惑に反して，ウォーターゲート事件をめぐる世論はますますきびしくなっていった。合衆国下院は聴聞を開始し，1974年7月には調査委員会が「正義遂行のじゃまを大統領はした」かどで，大統領を被告として議会に召喚する決議を行った。8月に入ると最高裁の命令で，ここにあげたホワイトハウスでの会話のテープが公にされることになった。

　そこで明らかになったのは前にも述べたとおり，大統領が部下に指示してFBIの捜査を中止させようとしていたということであった。それも，CIA絡みの問題を持ち出して，捜査の方向をかわそうとする卑怯な手段を用いようとしていた。

　これは明らかに犯罪的行為であるとみなされ，それまで議会の中に残っていたニクソン支持の声は完全に

つぶれてしまうことになった。その結果インピーチメント（弾劾：議会が裁判所となって被告の大統領を裁く憲法上の制度）成立が確実となった。ニクソンはジレンマのなかに立たされることになった。裁判の被告となって大統領職を屈辱のなかにさらすという前代未聞の出来事を経験するか，それとも辞任して「大統領職」の権威を守りつつ，個人としてはこれまたアメリカの歴史に例のない屈辱的出来事を甘受するか。

　議会の決議で大統領が辞任させられた場合には罪人であるから，ホワイトハウスを去っても何の恩典もない。ただの人である。自分で辞めた場合には元大統領としての数々の恩典のほかに，年に15万ドルの恩給も支給される。ニクソンは賢明にもこの時点で自ら辞任することを決意した。1974年8月8日のことである。

　こうしてパラドックスの大統領は，最後に最大のパラドックスを演じて見せたのである。赤狩りという政治的操作を行って政治の世界の頂点に躍り出た男は，ふたたび政治の力によって屈辱の世界に引きずりおろされた。

　そこで，最もニクソンらしい演説として辞任発表の声明を詳しく見ることにする。これは1974年8月8日の午後9時01分，ホワイトハウスの執務室からテレビを通じて全国民に語りかけたものである。

《Resignation Message (1974)》

Good evening:

❶ This is the 37th time I have spoken to you from this office, where so many decisions have been made that shaped the history of this Nation. Each time I have done so to discuss with you some matter that I believe affected the national interest.

注❶最初から文章が長い点に注目。This is the 37th time I have spoken to you from this office, で一応言いたいことのポイントが区切れているのだが、それを追いかけて where so many... と続く。ところが so many decisions have been made でまた一区切りついているのに、that shaped... とまたまた前の文章を追いかけて説明を加えている。あることを言って、それを追いかけて説明し、さらにつけ加えて説明して、と続くのがニクソンの英語の特徴のようだ。このように、言ったことに対して説明が延々と続くという構文は、何となく言い訳がましい印象を与えがちである。このスピーチには、いたるところにこういう息の長い説明くさい文章が出てくる。

この部分をためしにケネディ調に改めてみると次のようになる。

　　I have spoken to you from this office 37th time including this one. I made many important decisions in this office. And those decisions shaped the history of this Nation.

In all the decisions I have made in my public life, I have always tried to do what was best for the Nation. ❷ Throughout the long and difficult period of Watergate, I have felt it was my duty to persevere, to make every possible effort to complete the term of office to which you elected me.

注❷ たとえばここも長い構文である。言いたいことは,

　　The Watergate scandal lasted long.
　　It was a difficult period.
　　But I made up my mind.
　　That was to persevere.
　　You elected me to this office.
　　So, I wanted to stay in this office.
　　To achieve that goal, I wanted to make every effort.

ということなのだが,それが全部1つの文章に詰め

4 ニクソン——言い訳がましい文体　143

込まれている。そのため❶で述べた説明くささのほかに,不明瞭な印象が聞く者の耳に残る。なぜかというと,演説を聞いている者は出てきた音を順番に追いかけているので,頭のなかでは意味の区切りがついたとたんに,それを整理して次の音を取り込んでいる。ところが文章が長々と続くと意味の整理がしにくく,結局は何となくはっきりしない印象となってしまうのである。ここの文章を聞きながら,聞き手は心のなかで次のように受けとめているはずだ。

〈スピーチ〉Throughout the long and difficult period of Watergate,
〈考えること〉何が長いとかむずかしいとかいうのだろう。そうか,ウォーターゲートか。でもそれで何を言いたいんだろう。
〈スピーチ〉I have felt it was my duty to persevere,
〈考えること〉ニクソンが感じたことか。DUTY とかいう言葉は教科書的だな。それでガンバリ通すつもりだったと。
〈スピーチ〉to make every possible effort to

complete the term of office.
〈考えること〉あらゆる努力をして何をする？
　　　　　　任期をまっとうしたかった？
〈スピーチ〉to which you elected me.
〈考えること〉確かに国民が大統領を選んだんだものな。

　だから長い文章で聞く者を少しでも混乱させるのは話し手としては損なのであって，できたら短い文章でたたみかけるように「意味のユニット」を送り出していったほうがわかってもらいやすい。

　特に私たちは話をしたり作文をするときには，短い文章をつくり出していくほうが得である。そのほうが印象もよいし，わかってもらえるし，そして何よりも短文のほうが文法的まちがいの忍び込む余地が少ない。

❸ In the past few days, however, it has become evident to me that I no longer have a strong enough political base in the Congress to justify continuing that effort. As long as there was such a base, I felt strongly that it was necessary to see the constitutional process through to its conclusion, that to do otherwise would be unfaithful to the spirit of that deliberately difficult process and a dangerously destabilizing precedent for the future.

注❸ ここは，ホワイトハウス内の会話を録音したテープが公開されて，ニクソンたちのもくろみが表に出て議会からも完全に見放されるにいたった点についてふれている。ところで，本書であげたテープの会話例のなかには，いくつか聞くに耐えない「悪い言葉」が出てきた。たとえば what the hell の hell。「地獄」だが，キリスト教の伝統の強いアメリカでは特別にいまわしい言葉だ。asshole は「尻の穴」だが，「きたない」「びろうな」という印象のほかに，何やらあやしげな意味合いさえ引きずっている。辞書を引けば何番目かの定義として「バカ者」が出ているが，実はこういう言葉が話されるときには，その特定の定義だけが指し示されるのではなく，言葉の全体の雰囲気がいっしょに suggest されるはず。

リディのことについて isn't well screwed on は文字通り「ネジがよく締められていない」，つまり頭のどこかがゆるいということだが，screw というのは俗語で「性行為をする」ということであり，ここでも言葉のもつ二重，三重の意味合いが利用されている。つまり「あの野郎め。頭がおかしくて性行為
・・・・・・・・・・・・・
さえも満足にしてもらっていないやつめ」という
・・・・・・・・・・・・・・・・・・

ニュアンスであろう。

　ほかにも，crap, wild hair thing などが出てくるが，この公開テープの中にはもっとすさまじい表現が次から次へと出てきて，国民を啞然(あぜん)とさせたものである。bull session といって男たちだけが集まってする会話のなかでは往々にして性的な言及や反宗教的言及がなされ，それによって一種の連帯感をかもし出すことになってはいるが，国民はまさかホワイトハウスでこんなことが話されているとは夢にも考えていなかった。

But with the disappearance of that base, I now believe that the constitutional purpose has been served, and there is no longer a need for the process to be prolonged.

I would have preferred to carry through to the finish, whatever the personal agony it would have involved, and my family unanimously urged me to do so. But the interests of the Nation must always come before any personal considerations.

From the discussions I have had with Congressional and other leaders, I have concluded that because of the Watergate matter, ❹I might not have the support of the Congress that I would consider necessary to back the very difficult decisions and carry out the duties of this office in the way the interests of the Nation will require.

注❹ ここで言う議会の支持とは，さまざまな政策実施のための議会の協力ということだが，これだけ大統領と議会の関係が冷え切ってしまっては国政がうまくゆかなくなるということだろう。

　そもそも大統領は国民から直接選出されるのであって，議会とは直接の関係がない。それゆえよほど議会との関係をなめらかなものにしておかないと，何もできなくなるのである。大統領就任当時はお祝い気分が議会にあって，多少無理でも言うことを聞いてくれる。いわゆるハネムーンのあいだに仕事をかせいだ大統領は後世に仕事師とみなされることになる。

❺ I have never been a quitter. To leave office before my term is completed is abhorrent to every instinct in my body. But as President, I must put the interests of America first. America needs a full-time President and a full-time Congress, particularly at this time with problems we face at home and abroad.

注❺ I have never been a quitter. これは本当の言

葉である。ニクソンの一生はこの言葉で言い表わせるほどだ。貧しい家庭で育ったがめげることなく (quit せずに) カリフォルニアの小さな大学 Whittier College を卒業する。そこまでだったらそのまま片田舎で骨をうずめることになったのだろうが，さらにがんばって今度は名門の Duke 大学で法律を学んだ。アルバイトで学費をかせがねばならず相当の苦学だったらしい。その後も単なる弁護士にはとどまらずに州の政界から中央政界へと進出し，ことあるごとにキャリアの危機を迎えるのであるが，そのたびに持ち前の non-quitting spirit を発揮してきた。never been a quitter であることによって大統領の地位にまで成り上がったのが，ニクソンという人物なのである。

To continue to fight through the months ahead for my personal vindication would almost totally absorb the time and attention of both the President and the Congress in a period when our entire focus should be on the great issues of peace abroad and prosperity without inflation at home.

Therefore, I shall resign the Presidency effective at noon tomorrow. Vice President Ford will be sworn in as President at that hour in this office.

4 ニクソン──言い訳がましい文体

As he assumes that responsibility, he will deserve the help and the support of all of us. As we look to the future, the first essential is to begin healing the wounds of this Nation, to put the bitterness and divisions of the recent past behind us and to rediscover those shared ideals that lie at the heart of our strength and unity as a great and as a free people.

❻ By taking this action, I hope that I will have hastened the start of that process of healing which is so desperately needed in America.

注❻前段とここのパラグラフでは，国の最高指導者としての思いやりが示される。ウォーターゲート事件をめぐって国内は大きくゆれ人々は敵対してしまったが，その対立の傷を癒して事にあたっていくためにも自分は身を引くのだ，と。続いてのパラグラフでは，傷つけたかもしれない人々に対してのおわび，次には自分をここまで支持してくれた人々に対してのお礼が述べられる。しかし，国のために私を犠牲にするなどという表現もあり，自己憐憫の気持は強い。

I regret deeply and injuries that may have been

done in the course of the events that led to this decision. I would say only that if some of my judgments were wrong—and some were wrong—they were made in what I believed at the time to be the best interest of the Nation.

To those who have stood with me during these past difficult months—to my family, my friends, to many others who joined in supporting my cause because they believed it was right—I will be eternally grateful for your support.

And to those who have not felt able to give me your support, let me say I leave with no bitterness toward those who have opposed me, because all of us, in the final analysis, have been concerned with the good of the country, however our judgments might differ.

So, let us all now join together in affirming that common commitment and in helping our new President succeed for the benefit of all Americans.

I shall leave this office with regret at not completing my term, but with gratitude for the privilege of serving as your President for the past 5 ½ years. These years have been a momentous time in the history of our Nation and the world. They have been a time of achievement in which we can all be proud, achievements that represent the shared efforts of the Administration, the Congress, and the people.

But the challenges ahead are equally great, and they, too, will require the support and the efforts of the Congress and the people working in cooperation with the new Administration.

❼ We have ended America's longest war, but in the work of securing a lasting peace in the world, the goals ahead are even more far-reaching and more difficult. We must complete a structure of peace so that it will be said of this generation, our generation of Americans, by the people of all nations, not only that we ended one war but that we prevented future wars.

注❼ We have ended America's longest war... ウォーターゲートの陰にかくれて,ベトナム戦争を終結させたというニクソンの功績が忘れられがちである。ニクソンは大統領の仕事として外交,特にベトナム戦争終結に最大の重点をおいた。そして「名誉ある平和 peace with honor」を樹立すべく,5年

間に及ぶ努力をかたむけたのである。その作戦の一環として，1970年の春にカンボジアへのアメリカ兵派兵が行われ，すでに反戦運動が高まっていた大学のキャンパスは大騒ぎになった。国内に巻き起こる反論，反対運動に耐え抜いて，ついにニクソンはベトナムからアメリカ兵を全員引き揚げることに成功したのである。アイゼンハワー大統領以来，ドロ沼化していたベトナムへの介入を断ち切ることができたというのは，歴史に残るニクソンの業績である。

　ベトナム問題の決着がはたして「名誉ある」形で行われたかどうかはともかくとしても，ベトナム戦争はアメリカがかつて参戦したどの戦争よりも長期間にわたるものであった。the longest war だったのである。それを終結させたことの意味は大きい。

❽ We have unlocked the doors that for a quarter of a century stood between the United States and the People's Republic of China.

注❽ベトナム問題決着の過程で，アメリカは中国との国交を回復することになる。北ベトナムと中国，ソ連は密接に関係していたから，これらの国々との対話なしでベトナムの解決はあり得なかった。しかし，交渉は極秘のうちに行われたから，日本では当

時「ニクソンの頭ごし外交」(日本をとびこえて中国と仲よくなる) などと言われたものである。

We must now ensure that the one quarter of the world's people who live in the People's Republic of China will be and remain not our enemies, but our friends.

....

There is one cause above all to which I have been devoted and to which I shall always be devoted for as long as I live.

When I first took the oath of office as President 5 ½ years ago, I made this sacred commitment: to "consecrate my office, my energies, and all the wisdom I can summon to the cause of peace among nations."

I have done my very best in all the days since to be true to that pledge. As a result of these efforts, I am confident that the world is a safer place today, not only for the people of America but for the people of all nations, and that all of our children have a better chance than before of living in peace rather than dying war.

❾ This, more than anything, is what I hoped to achieve when I sought the Presidency. This, more than anything, is what I hope will be my legacy to you, to our country, as I leave the Presidency.

注❾ ニクソンの legacy to you が世界平和，つまりベトナムの終戦と中国，ソ連との対話の開始であるというのは事実。個人としてはさまざまな問題をかかえた人物であったが，東西の歩み寄りのきっかけをつくったという業績の意義は大きい。

しかし 1950 年代の反共の戦士が 70 年代に残した最大の遺産が，共産主義との話し合いだったというのだから皮肉である。

To have served in this office is to have felt a very personal sense of kinship with each and every American. In leaving it, I do so with this prayer: May God's grace be with you in all the days ahead.

《大統領辞任の発表 (1974)》

今晩は。

ここから皆さんにお話しするのはこれで37回目になりますが、この部屋では国の歴史を左右した多くの決断がなされました。私が皆さんにお話をしたときにも、いつも国の利害がからんだ問題をお話ししてきました。

政治家として私は、常に国のためを思って決断を下してきました。ウォーターゲートの長く苦しい期間を通じて、私はがんばり抜くことが私の務めだ、あらゆる努力を払って皆さんからあずかった大統領職をまっとうするのが私の務めだと考えてきました。

しかしながらここ数日のあいだに明らかになったのは、そうした努力を続けていくだけの政治的支持がもはや議会にはなくなったということです。議会のなかに支持勢力がある限りは、憲法で定められたことがらを最後までまっとうすべきである、という強い気持をいだいておりました。そうしなければ、大統領職について特に手の込んだ手続きを定めている憲法の精神に反することになるし、これが先例となって将来の政権の安定性がおびやかされ、危険なことになり得るから

です。

　しかし支持基盤が消滅した今，私は憲法の目的は達せられたと考えますし，これ以上事態を長引かせる必要もなくなりました。

　私としては個人的な苦しみはどうであれ，最後までやりぬくことを希望していましたし，家族も口をそろえてそうするようすすめてくれました。しかし，国家の利害はいつでも個人の思惑に優先するのです。

　議会の指導者などと話し合いをした結果明らかになったのは，ウォーターゲート問題のおかげで，国家のためになるような形で私がむずかしい問題について決断を下し，大統領としての務めをはたしていくにあたって必要と思われるだけの，議会の支持が得られないかもしれないということです。

　私は仕事を途中で放棄するような人間ではありません。任期の終了前に大統領職を辞めるというのは，私の体のなかのあらゆる本能に相反することです。しかし大統領としてアメリカのことをまず第一に考えなくてはなりません。特に国内と国外に問題をかかえるこの時期において，アメリカは仕事に専念できる大統領と仕事に専念できる議会を必要としています。

　私の身の潔白を明かすためにこれから何ヵ月間も争いを続ければ，大統領も議会もそれにかかりきりに

なってしまい,海外における平和と国内におけるインフレなき繁栄という大きな課題に,専一の関心を注ぐことができなくなってしまいます。

それゆえ私は明日正午をもって大統領職を辞任いたします。フォード副大統領が同時刻にこの部屋で大統領としての宣誓をします。

〔中略〕

新しい大統領が仕事を始めるにあたっては,私たち全員の助力と支持を必要としています。将来のことを考えるに,まずやらなくてはならないことはこの国の傷を癒すこと,いままでの争いと対立を過去のものとして,私たちが偉大で自由な国民としてもっている強さと団結力の底にある,全国民共通の理想を思い起こすことです。

私のとる行為により,いまアメリカでぜひとも必要とされている癒しの過程が早まることを願っています。

ここにいたるまでのあいだに生まれた傷口については極めて遺憾に思います。私の行った判断がまちがっていたならば——たしかにまちがった判断もありました——それは,当時としては国のため何が一番よいかを考えて行ったことであったということです。

ここ何ヵ月かの苦しい日々に私を助けてくれた人々——家族の者たち，友人たち，私の行うことが正しいと信じたがゆえに私を支持してくれた多くの人々——私はあなた方の支持を決して忘れることがないでしょう。

　そして私を支持することができないと感じていた人々に対して申し上げますが，私は反対者に対するうらみの気持なしにこの職を去ってゆきます。なぜなら，私ども全員が結局は国のためを思っているからです。ただ判断のしかたが異なっているだけでした。

　ここで全員が力を合わせて共通の目的を認識し，アメリカのために新大統領がよき仕事をはたすように力を出し合おうではありませんか。

　私は任期をまっとうしなかったということを残念に思いながらここを去りますが，同時に過去5年半にわたってあなた方の大統領として仕えることができたという特権に感謝しています。思えば，国にとっても世界にとっても激動の期間でした。そして私どもがこぞって自慢するに足るだけのことを成し遂げた期間でした。それは，行政府と議会と国民の協力によって成し遂げられました。

　しかし，これから先の状況はいままで同様にきびしいものがあり，いままでと同じく議会と国民と新政権

が助け合っていかなくてはなりません。

　私どもはアメリカが参加した最も長期にわたる戦争を終結させました。しかし世界平和が長続きするためには、さらに大がかりで困難な仕事が待ちかまえています。私たちは平和維持のためのしくみを完成させねばなりませんが、そうすることによってこの世代が、このアメリカの世代が、世界各国の人々から戦争を1つ終わらせたということだけではなく、将来の戦争をも防止したと言われるようになるでしょう。

　私たちはまた、25年間にわたって閉じられてきた合衆国と中華人民共和国の扉を開くことができました。

　ここで私たちがしなければならないのは、中華人民共和国に住む世界の人口の4分の1にあたる人々が、私たちの敵となることなく味方として留まるよう努力をするということです。

　　　　　〔中略〕

　私がいままで全力をつくし、生きている限り今後も全力をつくしていくことが1つだけあります。

　5年半前に大統領に就任したときに、私は次のような堅い決意をしました。「大統領職も、私の力も、もてるあらゆる知恵も、すべては世界の平和のために捧

げる」

　それ以来，この誓いを守るべくあらゆる努力を絶えず行ってきました。その結果，今日の世界は以前とくらべてより安定したものとなりましたが，それはアメリカにとってのみならず全世界の国々にとっての安定であり，私どもの子供たちは戦争で死ぬことなく平和のなかに生きることができるようになりました。

　このことが何にもまして大統領職を求めるにあたっての私の望みでした。何にもましてこのことこそが，皆さんとアメリカに私が残すことのできる遺産なのです。

　この役職に就くことによって，一人一人のアメリカ人に対して特に親しい気持をいだくことができるようになりました。お別れにあたり次の祈りの言葉で終わります。「神の恵みがあなたの上にありますように」

5 カーター──卒直さと細かさ

1977年9月，記者会見でエネルギー危機について述べるカーター

ピーナッツ・ファーマーの英語

1976年の大統領選挙で共和党のフォードを破ってホワイトハウス入りしたのは、民主党のジミー・カーター（Jimmy Carter, 在職 1977—81）であった。カーターは選挙運動中から「Jimmy Who?（ジミーってだれだ）」などと言われたとおり、無名の人物であった。

カーターの特色を一言で言えば、「善人ではあったが細かいことにこだわりすぎて大局が見えなかった」ということであろう。後に例文として出てくるが、カーター自身も認めているように、

> Gradually, you've heard more and more about what the Government thinks...and less and less about our Nation's hopes.
> （ますます政府の考えることばかり聞かされるようになり、国家の望みについては聞こえなくなってきた）

という傾向のなかにうずもれていった。

当時の西ドイツの首相ヘルムート・シュミットは親しい友人を前にして、涙ながらに次のように言ったという。「カーターはアメリカの指導者としての責任を自覚していない。カーターが理解できないでいるうち

に世界は戦争に近づきつつある」

 確かに風貌からいってもボサボサの髪を風になびらせ, 南部訛りのキンキン声をはりあげてしゃべるジミー・カーターは, どう考えてみてもアメリカという巨大な国の指導者というイメージとは合わない。むしろジョージアという南部の発展途上の片田舎で, コツコツと生きている農民という臭いがつきまとっている。その点で世に流布した「ピーナッツ・ファーマー」というあだ名はカーターという人物をよく表現している。

 片田舎の農民というカーター像は, もちろんその生立ちと関係がある。半生の大部分をジョージアの農場ですごし, 州内で知事にまで成り上がった言わばローカルな人物なのである。そしてこういう人物にありがちな, 古き良き小さき時代の価値観をたっぷり身につけていた。

 たとえば決してぜいたくをせずに質素に生きることを良しとし, 額に汗して一所懸命働くことを最大の美徳とする。個々の人間の苦しみには深い同情心をもち, 母親から教えられた神様の教えは, いまだにキチンと守っている。大統領就任演説という晴れがましいところでも, 母親 my mother がくれた聖書の話が出てきて人々を驚かせたものである。

I have just taken the oath of office on the Bible my mother gave me just a few years ago, opened to a timeless admonition from the ancient prophet Micah: "He hath showed thee, O man, what is good; and what doth the Lord require of thee, but to do justly, and to love mercy, and to walk humbly with thy God."

（私は私の母親が数年前にくれた聖書に手をあててただいま就任の宣誓をしました。開かれたページにはいにしえの預言者ミカの次のような永遠の警句が載っています。「人間よ，神は何が善であるかを示し給いき。神は汝らが正義を行い，あわれみの心をもち，神と共にへりくだって歩むことを希み給いき」）

飾り気のない表現

またこうした人物にありがちなように，カーターの英語は飾り気がなく率直である。言い難いことも包みかくさずにズバリと言ってしまう，plain talk というあの平均的アメリカ人のもつアメリカ的勇気があふれたものとなっている。その点で前任のフォードに似たところがある。たとえば 1977 年 4 月，エネルギー危機を前にしてなされたスピーチは次のように始まる。

5 カーター——卒直さと細かさ 165

Good evening.

Tonight I want to have an unpleasant talk with you about a problem that is unprecedented in our history. With the exception of preventing war, this is the greatest challenge that our country will face during our lifetime.

The energy crisis has not yet overwhelmed us, but it will if we do not act quickly. It's a problem that we will not be able to solve in the next few years, and it's likely to get progressively worse through the rest of this century.

（皆さん。

今晩は不愉快なことについてお話をしますが，それはアメリカの歴史上例がないような問題についてです。これは私たちの一生のうちで，戦争の防止に次いで大きな国の問題です。

エネルギー危機は私たちを飲み込んでしまったわけではありませんが，直ちに行動を起こさねば危機となります。これはここ数年で解決のつくような問題ではありません。しかも今世紀いっぱいだんだん悪化するのがエネルギー問題です）

ここで Tonight I want to have an unpleasant talk with you として話を始めるのは，日本的な間接的表

現の正反対を行く。「不愉快なことを語ります」というのであるから，これ以上卒直な表現があるだろうか。

同じように飾り気のなさは，It's a problem that we will not be able to solve 云々の文章にも出ている。これは解決のできない問題なのだが，などと初めから敗北を認めては政治的に不利と思われるのに，ズバリと言ってしまう。

これはカーターが大統領をやめてからの発言であるが，ワシントンのウッドロー・ウィルソン研究所でも次のような発言をしている。

> I enjoyed being President. Even when I had most disappointing days...I don't remember a single morning when I didn't look forward to getting to the Oval Office. I enjoyed the challenge of it....
> （私は大統領であることを楽しんでいた。大変つらいことがあっても……大統領執務室に行くのがつらい朝などというのは１つもなかった。私はそこでやらなければならないことにとびつきたい気持をもっていた）

カーターは，大統領という与えられた地位を十二分

に enjoy したと告白している。大統領職のよろこびみたいなものを，これだけ卒直に認めて表現した大統領というのは現代史のなかではほかに見当たらない。

高校の先生の教え

ところで，カーターのふるさとジョージアの小さな町では，卒直な語り口だけがあるのではない。温かい人間関係が人々の記憶の中に生き続ける。大統領にまでなっても，なつかしい高校の先生の名前は忘れないのである。全世界が聞いていたカーターの就任演説の初めの部分には次のようなくだりがある。

In this outward and physical ceremony, we attest once again to the inner and spiritual strength of our Nation. As my high school teacher, Miss Julia Coleman, used to say, "We must adjust to changing times and still hold to unchanging principles."

（就任の儀式には目に見える形がありますが，この国の力は内面の精神的なものです。私の出身高校のジュリア・コールマン先生はいつも次のように言っていました。「人は変化する世の中に合わせていかねばならないが，不変の道義も守らねばならない」）

いかにもジョージアの高校の先生が言いそうな言葉であるが，それを覚えていて出世をしても何のてらいもなくスラリと引用できるところが，きまじめなカーターらしいところである。

またこの就任演説には，ケネディやジョンソンのレトリックのはなばなしさはない。たとえばこの例文でもジョンソンだったら，

> This is a <u>physical</u> ceremony. Yet we think of <u>metaphysics.</u> The inner and spiritual strength of this Nation is sound...

などと大きく「形而上学」などという表現を入れて見ばえを考えたかもしれない。しかし，ここには，そのような体裁ぶったところが見られないのである。

また，いずこの農家も同様であろうが，カーターは無駄を大変にきらったことでも有名である。自身はホワイトハウスに入ってからも節約につぐ節約の生活を続け，ぜいたくを敵とみなしていた。そして周りの者にも同様のスタイルを要求した。というかそうすることがあたりまえと考えたらしい。

毎週1回ずつ朝食時に会って，外交問題を検討するという会合があった（Foreign Policy Breakfast）。大統領のほかに副大統領と国務長官と特別補佐官のブレジンスキーとあと2名というごく限られた高官のみが出席して，天下の情勢を論じる朝食会であったが，

5　カーター——卒直さと細かさ　169

出席者には必ずあとで＄2.55の請求書（朝食代）が回ってきたという。

このような人物像を，ホワイトハウス詰めの「Time」誌の記者ヒュー・シドニーは次のように表現している。この文章は1980年，つまりカーター政権最後の年に書かれたものである。

　　In a peculiar way Jimmy Carter is consumed by himself. His world still resembles the small stretch of Plains, Ga. His goodness becomes an end in itself, defined in the Main Street encounters where the audiences are people with names and problems that are manageable. This does little, however, to define the tastes of the presidency, where decisions must have heroic dimensions, where leaders must balance their immense egos against a deeper understanding that they are but specks of dust in the ultimate sweep of history, where the future must be just as real as the present.

（ジミー・カーターは奇妙な形で自分とのおっかけっこをしている。彼の世界はいまだにジョージア州プレインズの集落のおもかげを残しているのだ。カーターは善人なのだが，善人たらんとして

善人なのであり、しかもそれは田舎町の大通りでつくられた。そこで出会う人間はそれぞれの名前をもっており、問題は処理可能なたぐいの問題しか起こらない。しかし、これは大統領職にはあまり役に立たない背景である。大統領として下す決断は英雄的なものであるし、歴史のうねりのなかでは、自分もまた塵のようなものであるという深い認識をもって自我とのバランスを保とうとするのが、巨大な自我をもった国の指導者というものであり、指導者にとっては未来と現在は同じように真にせまったことがらであるはずだからである)

安心できる「ふつうのアメリカ人」

このように非英雄的なカーターは、ジョンソンやケネディのようなそそりたつ巨人ではもとよりなかった。前任者のフォードよりはよほど知性的だとは言われたが、性格的にはフォードと同じように安心できるごくありふれた「ふつうのアメリカ人」の様相を呈していた。またカーターは自らを「うそをつかない大統領 would never lie」と称していた。

こうした人物がこの時点でアメリカの指導者に選ばれたというのは、それこそ歴史のうねりのなかで見ればやはりウォーターゲート事件とベトナム戦争のおか

げと言うことができよう。アメリカはジョンソンのように強い大統領が，一定の信念をもって国をある方向に引っぱっていくことに疑いをもつようになっていたし，ニクソンのようにやり手の指導者が裏工作であらゆる手をつくして国をひっかき回すということにも嫌気がさしていた。そして信心深くて無難な人物をホワイトハウスに送り込んだのである。

しかし，だからといってカーター政権は無能で何もしなかったわけではない。行政改革の部分的実施，航空，運送，金融業界に対する規制の緩和，パナマ運河条約の締結，エジプトとイスラエルの和平条約締結の仲だち，エネルギー自給計画などはカーター政府が成し遂げた業績である。

ところが，こうした仕事にもかかわらず，ホワイトハウスの力の及ばない出来事も多発した。国内経済では 13 パーセントを超えるインフレが収まらず経済の混乱が起きていたし，1979 年には石油価格が倍になるというオイル・ショックにみまわれ，国外ではソ連軍がアフガニスタンに侵入した。

しかし最大の問題となったのは，イランの革命騒ぎのなかで 50 人以上のアメリカ人が人質となってしまうという事件であった。1979 年 11 月に起きたこの事件は，もともとなかったカーター大統領の指導力にさらに大きな疑問符をつける結果となった。何人ものア

メリカ人が「敵」の手に捕えられているのにアメリカは何もできないでいるという事態は，決定的に大統領の指導力にマイナスのイメージを与えたのである。

　イランの人質事件は結局はカーターの命取りとなってしまった。翌1980年11月には大統領選挙がひかえており，カーターは当然のことながら再選をめざすことになるのだが，人質事件のダメージは大きすぎた。大統領としてのさまざまな業績もすっかり忘れ去られたかのように，問題点ばかりが指摘された。そして対立候補のレーガンに敗れてしまうのだが，それはケネディから始まった近年のジンクスを受けついだものであった。つまりどの大統領も2期目は務められないという——。

細部にこだわる

　カーターは細部のことにこだわりすぎて大統領としての大局的見解がなかったとよく言われる。国の歩むべき方向や大きな政策について頭をわずらわせるよりも，目前のこまごましたことにこだわり続けたのである。国賓を招いてのホワイトハウスでの晩餐会 state dinner の折りにも，出席者の座る場所をいちいち自分で確かめなければ気が済まなかったという。こうした精神状態のため，大きな問題が発生したときには往々にしてオロオロしてしまうことになる。

5 カーター——卒直さと細かさ　173

　たとえば人質事件という大問題。何十名ものアメリカ人の命が危ないという人道的問題でもあり、ほかにアメリカの大国としての威信問題も絡んでおり、すでに述べた通り大統領の再選の可能性がつぶれるかもしれないという事件でもあった。その突発大事件を前にしてカーターはどういう反応を示したのであろうか。『カーター自伝』からカーター自身の言葉でそのときの様子を語ってもらうことにしよう。『自伝』は事件当時の大統領の日記をもとにしているが、そこに見られるカーター像は、異常事態のなかで深く心配を続ける善良な小市民である。国の威信や自分の再選といったことよりも、とにかく「どうしよう」というとまどいの気持のみである。

　イラン人質事件のニュースは、1979年11月4日、日曜日の朝にとびこんできた。

　　Sunday, November 4, 1979, is a date I will never forget. Early in the morning I received a call from Brzezinski, who reported that our embassy in Tehran had been overrun by about 3,000 militants, and that 50 or 60 of our American staff had been captured.

　（1979年11月4日日曜日という日は決して忘れないだろう。早朝にブレジンスキーから電話があ

り，テヘランのアメリカ大使館が3000人の強硬派によって抑えられ，50から60名のアメリカ人スタッフが捕えられたと伝えられた）

I spent most of the day, every spare moment, trying to decide what to do... We began to assess punitive action that might be taken against Iran. We still have 570 Americans there. I directed that the companies who employ these people be informed to get them out of the country. We also asked the Algerians, Syrians, Turks, Pakistanis, Libyans, PLO, and others to intercede on behalf of the release of our hostages. It's almost impossible to deal with a crazy man...

（どうすべきかということが片時も頭をはなれなかった。イランに対する報復措置を検討し始めた。まだ570名のアメリカ人があそこにはいる。これらの人間をやとっている会社には人員を引き揚げるよう指示を出した。またアルジェリア，シリア，トルコ，パキスタン，リビア，PLOなどに人質解放の仲介となるよう要請した。常軌を逸した男を相手にするのでやり切れない……）

Our agents, who moved freely in and out of Tehran under the guise of business or media missions, had studied closely the degree of vigilance of the captors. They had grown lax, and security around the compound was no longer a serious obstacle to a surprise entry by force.

（アメリカのスパイは，ビジネスマンや記者をよそおってテヘランから自由に出入りしていたが，捕虜の監視の様子を詳しく観察した。監視はゆるやかになり，大使館回りの見張りの具合からいって奇襲も問題がないようだった）

The helicopters were scheduled to take off on Thursday, April 24 at dusk and arrive about six hours later, at approximately 11:00 P.M. Iran time. This six-hundred-mile flight from the Gulf of Oman would push to the limit the capabilities of these aircraft.

（ヘリコプターは4月24日木曜の夕ぐれに出発し，6時間後イラン時間の午後11時に到着する予定だった。オマン湾から600マイルに及ぶ飛行はヘリコプターの能力で限界である）

I am still haunted by memories of that day— our high hopes for success, the incredible series of mishaps, the bravery of our rescue team, the embarrassment of failure, and above all, the tragic deaths in the lonely desert. I actually slept a couple of hours, and then got up early to prepare my television broadcast, which would explain to the American people what had occurred.

（まだあの日の思い出は悪夢のなかにある。成功に対する期待感，次々と起こった信じられないような事故，救助隊の勇気，失敗のぶざまな様子，そして砂漠のなかでのさびしい死。私は数時間眠ってから早々に起きてテレビ放送の準備をした。国民に事態を説明するためである）

格調高いスピーチも

カーターの悪夢はこのまま続き，最終的に人質がイランから釈放されたのはロナルド・レーガンの大統領就任式の当日であった。

カーターは元大統領としてこの日に釈放された捕虜たちを出迎えにいきたいとレーガンに申し出たが，ことわられている。自らの命取りとなった大事件の結末を見ることさえ許されなかったカーターだが，結局は次々とホワイトハウスに押し寄せる問題の波に翻弄され続けたというのがカーター大統領の4年間の特色だったと言えよう。

しかし，翻弄されるだけが大統領ではないと心得て

いたふしもある。1979年7月のことであるが，全国テレビ放送でエネルギー問題について5回目のスピーチを行うことになっていた。ところが突然この放送を中止してしまった。そしてメリーランド州の山中にある大統領の別荘キャンプ・デービッドにこもってしまった。そこに10日間滞在して考えるところがあったらしい。その間にはさまざまなアメリカ人とも会っている。

別荘から出てきたカーター大統領は，まるで別人のように「国民の自信の喪失に関する演説」を行った。それはインフレやエネルギー問題といった卑近な現実問題とは一線を画した，カーターにはめずらしい格調の高いスピーチであった。アメリカ国民の精神状態について憂慮するという，伝統的大統領のスピーチにのっとったテーマであった。しかしながら個々の人間のエピソードを入れたりして細部にわたって目くばりが利いているという点では，やはりカーターらしさのしみついているスピーチでもある。大国アメリカの指導者としての気概と，地方の田舎町の温かい人間関係を引きずる小人物がないまぜになっているところが，このスピーチの興味あるところであろう。

またぞろエネルギーの話かと思ってテレビをつけたアメリカ国民は，演説の内容が哲学的，理念的傾向をもっていたので驚いたものだが，いかにも思い直した

カーターらしいスピーチと思われるのでここで検討していくことにする。高い理念と，こまごましたこだわりの間のゆれ具合に注目していただきたい。また官僚支配による社会がいかに国民から遊離したものであるか，そうした体制が国内にいかなる閉塞感を生んでいるか——まるで今日の日本を思わせるような内容である。

《National Malaise Speech (1979)》

Good evening.

This is a special night for me. Exactly 3 years ago, on July 15, 1976, I accepted the nomination of my party to run for President of the United States. ❶ I promised you a President who is not isolated from the people, who feels your pain, and who shares your dreams and who draws his strength and his wisdom from you.

注❶「人々の近くにある大統領になることを約束した」というのは事実で，1976年民主党全国大会の開かれたニューヨークのマジソンスクエア・ガーデンでカーターは次のように述べた。It's time for the people to run the Government. (そろそろ普通の人が政府を動かすべき時だ)

このときのカーター自身も無名の「people」の1人であって，本人としても大統領に会ったこともなければホワイトハウスで夜をすごしたこともない人物であった。大統領はカーターにとっても伝説のなかにあり，連邦政府は学校の教科書のなかの話にすぎなかった。

そういう人物がたまたまのめぐり合わせでアメリカの大統領になったのである。しかしこれは歴史的に言ってめずらしいことではない。中央政界のパワープレイのなかから大統領が生まれることもある（ケネディは議員を務めた。ニクソン，ジョンソンも然り）が，突然無名の新人が地方から登場することもある。カーターと次のロナルド・レーガンはその例。アイゼンハワーは政治とは関係のない軍人だったし，事実民主と共和の両方の政党から大統領出馬を要請されている。迷ったあげく共和党からの立候補となった。

19世紀初頭のアンドルー・ジャクソン大統領は片田舎の農民の息子で，貧しいながらも西部で活躍して有名になりホワイトハウス入りをしたが，ジャクソンやその仲間のはいていたドロ靴で，ホワイトハウスのカーペットがすっかり台なしになってしまった，などと言われたものである。就任式の夜のお祝いでは，ホワイトハウスをすべての人に公開したため大群集がおしかけたという。

もと無名の大統領は，どうしても無名の「people」を意識するようである。カーターのpeople主義＝populismは，このスピーチでもいたる所に顔を出している。

During the past 3 years I've spoken to you on many occasions about national concerns, the energy crisis, reorganizing the Government, our Nation's economy, and issues of war and especially peace. ❷ But over those years the subjects of the speeches, the talks, and the press conferences have become increasingly narrow, focused more and more on what the isolated world of Washington thinks is important. Gradually, you've heard more and more about what the Government thinks or what the Government should be doing and less and less about our Nation's hopes, our dreams, and our vision of the future.

注❷「ホワイトハウスからのスピーチはますます専門的で細かいことに焦点をあてるようになってしまった」というのはまったくその通りで，ここのあたりにはカーターの強い自省の念がこもっている。

テクノクラートが管理運営する政府という組織は，どうしてもテクノクラートの論理に引きずられがちだ。つまり，細かい技術的な側面にこだわってしまって，大局の動向や国民の民意といったものを見失いがちなのである。カーターという大統領は，そうしたテクノクラート的思考の犠牲者であったと

言える。

　エネルギー問題やインフレ問題にふれたカーターのスピーチの多くは技術的であり，専門的である。ホワイトハウスとしては解決しなければならない問題ではあったのだが，それにこだわるあまりカーターは細部にこだわるという思考のアリ地獄に陥っていたらしい。スピーチのみならず，日常の大統領職においても細部にこだわるのがカーターらしいところで，パーティーの着席の順番だけではなく，たとえばイランの人質救出作戦では海兵隊が突入する計画があったが，そのときに塀の向う側にいる特定のイラン兵は，アメリカに好意をもった人物なのかどうか気にしていた。好意をもっているのに死ぬかもしれないのは可愛そう云々と言ってこだわり続けたという。

　このスピーチは，大統領のジレンマ──細部を知らなければならないが，同時に大きくアメリカを引っぱって行かねばならない，というカーターの悩みから生まれたものである。

Ten days ago I had planned to speak to you again about a very important subject－energy. For the fifth time I would have described the urgency of the problem and laid out a series of legislative recommendations to the Congress. But as I was preparing to speak, I began to ask myself the same question that I now know has been troubling many of you. Why have we not been able to get together as a nation to resolve our serious energy problem?

❸ It's clear that the true problems of our Nation are much deeper—deeper than gasoline lines or energy shortages, deeper even than inflation or recession. And I realize more than ever that as President I need your help. So, I decided to reach out and listen to the voices of America.

注❸カーターは大局を見なければならないという気持ももっていたようだが，テクノクラートからの技術面へ向かえという圧力も強かったらしい。たとえば当時財務長官を務めていたマルケル・ブルーメンソールは次のようにカーターを批判している。

　経済関係の論議をホワイトハウスで行うとカーターは長いあいだ沈黙を守っていることが多かったが，初めのうちは深い考えにひたっているのだろうと思っていた。しかし後ほどわかったことは，カーターは何を決断してよいかわかっていなかったし，どういう質問を発したらよいかさえわかっていないということだった

テクノクラートのブルーメンソールはその後財務長官をクビになってワシントンを去っているが、彼のような人物が大統領を細部へ細部へと追い込んでいった。

I invited to Camp David people from almost every segment of our society—business and labor, teachers and preachers, Governors, mayors, and private citizens. And then I left Camp David to listen to other Americans, men and women like you. It has been an extraordinary 10 days, and I want to share with you what I've heard.

First of all, I got a lot of personal advice. Let me quote a few of the typical comments that I wrote down.

❹ This from a southern Governor: "Mr. President, you are not leading this Nation—you're just managing the Government."

注❹英文の lead this Nation と manage the Government のニュアンスのちがいに注目。おそらくこのキャンプ・デービッドへの訪問者の言葉がカーターを刺激してこの注目すべき演説となったと思われる。lead は引っぱる、導くでリーダーシップを指す。manage は管理する、やりくりする、だから

リーダーシップほど想像力も必要でなく，番頭的仕事である。You are not leading this company, you are just managing it. などと明日にでも使えそうである。

"You don't see the people enough any more."

"Some of your Cabinet members don't seem loyal. There is not enough discipline among your disciples."

"Don't talk to us about politics or the mechanics of government, but about an understanding of our common good."

"Mr. President, we're in trouble. Talk to us about blood and sweat and tears."

"If you lead, Mr. President, we will follow."

Many people talked about themselves and about the condition of our Nation. This from a young woman in Pennsylvania: "I feel so far from government. I feel like ordinary people are excluded from political power."

And this from a young Chicano: "Some of us have suffered from recession all our lives."

"Some people have wasted energy, but others haven't had anything to waste."

And this from a religious leader: "No material shortage can touch the important things like God's love for us or our love for one another."

❺ And I like this one particularly from a black woman who happens to be the mayor of a small Mississippi town: "The big-shots are not the only ones who are important. Remember, you can't sell anything on Wall Street unless someone digs it up somewhere else first."

注❺アフリカ系の女性はウォール・ストリートの the big-shots つまり大企業を批判したが，カーターもまた大企業を信用していなかった。カーターはケネディなみの民主党の左寄りの人々にも用心していたが，大企業はなおさら危険と考えていた。いわば南部農村地帯のポピュリストだったのである。航空事業や銀行業務の規制緩和政策 deregulation は企業優遇政策から生まれたのではなく，むしろポピュリストとしての発想から生まれた。つまり大企業の独占をくずして小さな者，新規参入者にも門戸を開こうとしたのである。

This kind of summarized a lot of other statements: "Mr. President, we are confronted with a moral and a spiritual crisis."

....

These 10 days confirmed my belief in the decency and the strength and the wisdom of the American people, but it also bore out some of my longstanding concerns about our Nation's underlying problems.

I know, of course, being President, that government actions and legislation can be very important. That's why I've worked hard to put my campaign promises into law—and I have to admit, with just mixed success. But after listening to the American people I have been reminded again that all the legislation in the world can't fix what's wrong with America. So, I want to speak to you first tonight about a subject even more serious than energy or inflation. I want to talk to you right now about a fundamental threat to American democracy.

I do not mean our political and civil liberties. They will endure. And I do not refer to the outward strength of America, a nation that is at peace tonight everywhere in the world, with unmatched economic power and military might.

❻ The threat is nearly invisible in ordinary ways. It is a crisis of confidence. It is a crisis that strikes at the very heart and soul and spirit of our national will. We can see this crisis in the growing doubt about the meaning of our own lives and in the loss of a unity of purpose for our Nation.

注❻ニクソンやジョンソンと異なって英文そのものは短いという傾向がみられる。もちろん大統領就任演説なのかテレビでのスピーチかなどの，話される状況やスピーチライターの能力などによっても文章は変わってくるので，一概には言えない面もあるが，カーターはどちらかと言えば短い文章を積み重ねていって話を進めるという傾向がある。その点でケネディほどはなばなしいレトリックは用いていないが，短文でたたみかけるところは似ている。

ここの文章でも長くしようと思えば次のようにできたはずだ。

> The threat which is a crisis of confidence is nearly invisible in ordinary ways and it strikes at the very heart and soul and spirit of our national will.

ところで，ここで用いられている heart と soul と spirit は強調のためにくり返し用いた同義語と取

るのがよいと思うが，もう一歩突っ込んだ見方もできる。つまり heart はクリスチャンの「こころ」。イエス・キリストの赤い heart から光が出ている絵画を見た方も多いだろうし，何よりも西洋では heart＝心臓＝♡は愛情やものごとの核心を指す。一方 soul は単純に訳すと「魂」だが，アメリカ文化のコンテキストの中ではアフリカ系の精神的エッセンスである。soul music はアフリカ系音楽だし，soul brother（sister）は極めて親しいアフリカ系同士の友人，soul food はアフリカ系の食べ物。一方 spirit は「精霊」や「霊」であって，ネイティブ・アメリカンの精神世界の存在を指しがち。日本の神道に近い思想をもつネイティブは，万物に spirit＝霊が宿ると考える。

　国内融和を訴えたスピーチであるがゆえに，このような多様な精神を持ち出さざるを得なかったとも言えそうだ。多様な人種の住むアメリカならではの気遣いである。

The erosion of our confidence in the future is threatening to destroy the social and the political fabric of America.

The confidence that we have always had as a people is not simply some romantic dream or a proverb in a dusty book that we read just on the Fourth of July. It is the idea which founded our Nation and has guided our development as a people. Confidence in the future has supported everything else—public institutions and private enterprise, our own families, and the very Constitution of the United States. Confidence has defined our course and has served as a link between generations. We've always believed in something called progress. We've always had a faith that the days of our children would be better than our own.

Our people are losing that faith, not only in government itself but in the ability as citizens to serve as the ultimate rulers and shapers of our democracy. As a people we know our past and we are proud of it. Our progress has been part of the living history of America, even the world. We always believed that we were part of a great movement of humanity itself called democracy, involved in the search for freedom, and that belief has always strengthened us in our purpose. But just as we are losing our confidence in the future, we are also beginning to close the door on our past.

❼ In a nation that was proud of hard work, strong families, close-knit communities, and our faith in God, too many of us now tend to worship self-indulgence and consumption. Human identity is no longer defined by what one does, but by what one owns. But we've discovered that owning things and consuming things does not satisfy our longing for meaning. We've learned that piling up material goods cannot fill the emptiness of lives which have no confidence or purpose.

注❼ hard work, strong families, close-knit communities, faith in God そしてある程度の貧しさ(非消費性)はカーターの言うように古きよきアメリカに生きていた価値観であったのは事実だが、今日でもアメリカの農村部や地方の小さな町では健在である。こういう所を日曜日にでも訪れると大変である。あらゆる店は閉まっており、アルコール類は一切売ってもらえない。行く所もなくモテルの部屋でテレビをひねるとどこも宗教番組ばかり。唯一なぐさめは strong family が裏庭で一家そろってやっているバーベキューにでも呼んでもらうくらいなもの。カーター自身がそういう Small Town, U.S.A. の出身であるがゆえに、現代アメリカが失ったもの

が見えた。

The symptoms of this crisis of the American spirit are all around us. For the first time in the history of our country a majority of our people believe that the next 5 years will be worse than the past 5 years. Two-thirds of our people do not even vote. The productivity of American workers is actually dropping, and the willingness of Americans to save for the future has fallen below that of all other people in the Western world.

As you know, there is a growing disrespect for government and for churches and for schools, the news media, and other institutions. This is not a message of happiness of reassurance, but it is the truth and it is a warning.

These changes did not happen overnight. They've come upon us gradually over the last generation, years that were filled with shocks and tragedy.

❽ We were sure that ours was a nation of the ballot, not the bullet, until the murders of John Kennedy and Robert Kennedy and Martin Luther King, Jr. We were taught that our armies were always invincible and our causes were always just, only to suffer the agony of Vietnam. We respected the Presidency as a place of honor until the shock of Watergate.

注❽ a nation of the ballot, not the bullet というのは ballot と bullet を並べて，近い音でありながら意味がまったく異なるというめずらしいレトリックのあそびだが，ここで現代のアメリカの病（暴力，ベトナム，ウォーターゲート）が率直に指摘される。そしてこれはアメリカの傷 wounds であるとされる。「国は病んでいる national malaise」というテーゼは，先ほどから述べてきたようにまだ病におかされない小さな農村で生まれ育ったカーターの発想であった。

We remember when the phrase "sound as a dollar" was an expression of absolute dependability, until 10 years of inflation began to shrink our dollar and our savings. We believed that our Nation's resources were limitless until 1973, when we had to face a growing dependence on foreign oil.

These wounds are still very deep. They have never been healed.

Looking for a way out of this crisis, our people have turned to the Federal Government and found it isolated from the mainstream of our Nation's life. Washington, D.C. has become an island. The gap between our citizens and our Government has never been so wide. The people are looking for honest answers, not easy answers; clear leadership, not false claims and evasiveness and politics as usual.

What you see too often in Washington and elsewhere around the country is a system of government that seems incapable of action. You see a Congress twisted and pulled in every direction by hundreds of well-financed and powerful special interests. You see every extreme position defended to the last vote, almost to the last breath by one unyielding group or another. You often see a balanced and a fair approach that demands sacrifice, a little sacrifice from everyone, abandoned like an orphan without support and without friends.

Often you see paralysis and stagnation and drift. You don't like it, and neither do I. What can we do?

First of all, we must face the truth, and then we can change our course. We simply must have faith in each other, faith in our ability to govern ourselves, and faith in the future of this Nation. Restoring that faith and that confidence to America is now the most important task we face. ❾ It is a true challenge of this generation of Americans.

One of the visitors to Camp David last week put it this way: "We've got to stop crying and start sweating, stop talking and start walking, stop cursing and start praying. The strength we need will not come from the White House, but from every house in America."

注❾このスピーチをみても It is a true challenge of this generation of Americans. などと，カーター自身の言葉にはあそびの要素がなく，素直な英語となっているが，カーターに話をした人の言葉には生き生きとしたおもしろい表現がある。たとえばここでも crying は涙を「流す」ことだし，sweating は汗を「流す」ことという風に行為の上での連想がある。次の talking と walking は alking の部分が共通で韻をふんでいる。cursing と praying は悪魔と神様の対比。cursing はのろいの言葉を吐くことで悪魔に対する語りかけである。

We are at a turning point in our history. There are two paths to choose. One is a path I've warned about tonight, the path that leads to fragmentation and self-interest. Down that road lies a mistaken idea of freedom, the right to grasp for ourselves some advantage over others. That path would be one of constant conflict between narrow interests ending in chaos and immobility. It is a certain route to failure.

All the traditions of our past, all the lessons of our heritage, all the promises of our future point to another path, the path of common purpose and the restoration of American values. That path leads to true freedom for our Nation and ourselves.

《国民の自信喪失について (1979)》

皆さん今晩は。

今晩は私にとって特別な晩です。ちょうど3年前の1976年の7月15日に，私は民主党による大統領候補の指名を受けました。私は人々の近くにある大統領となり，人々の痛みを感じ，人々の夢がわかり，自らの力と知恵の源を人々に求めることを約束しました。

この3年のあいだ，私は国家的な問題やエネルギー危機，政府機構の改革，経済，戦争と特に平和の問題などについて皆さんに語りました。しかしこの3年間スピーチや談話や記者会見で取り上げられた内容はますます特殊なものとなり，ワシントンという孤立した世界が大事だと考えることがらばかりに焦点があたるようになりました。徐々に国民の皆さんは政府の考えることや政府がなすべきことのみを聞かされるようになり，国家としての希望や夢，未来のビジョンなどは聞かれなくなってしまいました。

10日前に私は皆さんの前でエネルギーという大変重要な問題についてお話をする予定でした。5回目の話として私は問題の解決は急を要することを述べ，議会に対して一連の法案を提出するつもりでした。しか

し原稿の準備をしている最中に私は皆さんの多くがいま問題視していることがらについて考え始めたのです。エネルギーという深刻な問題を解決するにあたって，何故に国は一丸となり得ないのであろうかと。

この国がかかえる真の問題は，エネルギーよりももっと深刻なものです。ガソリン入手のための行列や燃料不足よりも深刻であり，インフレや景気後退よりも深刻なのです。この大問題を前にして，私は皆さんの助力を必要としているのです。そこで私は手をつくしてアメリカの声を聞くことにしました。

キャンプ・デービッドにアメリカのあらゆる社会を代表する人々が招かれました。実業家，労働者，教師に牧師，知事，市長，そして普通の市民たち。さらに私はキャンプ・デービッドを出て皆さんのような人々の声に耳をかたむけました。この10日間は実に有益な時間であり，今日は私の聞いたことをここで披露したいと思います。

まずたくさんの個人的な忠告をいただきました。私が書き記したいくつかの代表的なものを紹介しましょう。

まず南部の州知事から。「大統領。あなたはこの国を引っぱっていないではないですか。あなたは政府を運営しているだけです」

「あなたはあんまり人と会わなくなりました」
「閣僚のなかには誠意のない者がいるようです。あなたの補佐官には統制がありません」
「私たちに向かって政治上のやりとりや政府のしくみのことを言ってもしかたがありません。私たち全員が向かうべきことがらについて語ってください」
「大統領。私たちは問題をかかえています。だから苦しいことについて卒直に述べてください」
「あなたが旗をふれば私たちはついて行きます」

多くの人々は自らのことやこの国の状況について語りました。ペンシルバニアの若い女性が言うには,「私は政府から縁のないところにいるみたいです。政治権力と普通の人は関係がないように思います」

これは若いメキシコ系の人物の言ったことです。「私たちは一生涯景気後退で苦しんでいますよ」
「エネルギーを無駄遣いする人もいますが,無駄遣いするものをもたない人もいるんです」

次の言葉は宗教者のものです。「いくら物質的不足があろうと神の愛や人間同士の愛は変わらない」

特にミシシッピー州の小さな町の町長のアフリカ系女性の次の言葉は私の好きな言葉です。「大物だけが大事な人間なのではありません。ウォール・ストリートで売り買いされるものだって,もともとは誰かがど

こかで掘り出したものなのです」

そして次のようなまとめになるようなコメントもありました。「大統領。私たちは道義的・精神的な危機に直面しているのです」

〔中略〕

この10日間を通じて、私はアメリカ人がまっとうな精神と能力と英知をもっていることを確認しました。しかし同時に私が昔から気になっていた、この国の問題点も浮かび上がりました。

もちろん私は大統領として、政府の行うことや法律は大変重要であることを知っています。それゆえに公約を法律にするべく大きな努力を払いました。それは完全に成功したわけではないことを認めざるを得ません。しかしアメリカの人々の言うことに耳をかたむけてから感じたのは、いくら法律をつくっても、アメリカのかかえる問題を解決することはできないということです。そこで今晩はまずエネルギーやインフレよりも、もっと深刻な問題についてお話しします。それは、アメリカの民主主義が根底からゆらいでいるという点についてです。

私が言おうとしているのは、政治や市民生活上の自由がないということではありません。それは安全で

す。あるいは対外的なアメリカの力について述べているのでもありません。強大な経済力と軍事力をそなえたこの国は、今晩の時点でどの国とも戦っておりません。

危機は普通のやり方ではなかなか目につきません。しかし私たちの信頼感そのものが危機を迎えているのです。それは国としての存立の根幹をゆるがすものです。人間の生命の意味に対する疑いが生じ、国の目的に対しての共通の気持が消滅するところに危機があります。

未来に対する信頼がゆるぎ始めました。そのためアメリカの社会や政治のしくみが破壊されています。

一国の国民として私たちがもっていた信頼の気持は、7月4日の建国の日にだけ引っぱり出して読む、ホコリだらけの本に書いてあるロマンチックな夢やことわざではありません。この気持がアメリカという国をつくり、国民に目標を与えました。未来に対する信頼の気持があらゆるものを支えてきました——公の組織、私企業、家族、そしてアメリカの憲法そのものなどです。異なる年代の者をつなぎ留めてきたのも互いに対する信頼の気持でしたし、私たちの歩む道を明らかにしてくれたのも信頼感でした。私たちはいつも進歩というものを信じてきました。そして子供たちの世

界は，私たちの世界よりはもっとよいにちがいないと信じてきました。

　しかしその気持が消え去りつつあります。政府に対する信頼がうすれているのみならず，市民こそがアメリカの究極の支配者であり，世直しの基本であるという気持がうすらいでいるのです。国民として私たちは過去のことは誇りに思っています。私たちの歩みはアメリカの歴史や世界の歴史を形成してきました。民主主義という人間の偉大な歩みの一部が私たちなのだと信じ，アメリカの求めるものは自由だと考えてきましたし，そのおかげで私たちの目標もはっきりしていました。しかし将来に対する信頼を失うとき，私たちは過去に対して目をつむります。

　この国では一所懸命働き，強力な家族のつながりをもち，仲のよい地域社会をつくり，神を信じることがよいことだとされていましたが，今日ではあまりにも多くの者が自分自身のことにのみこだわり，モノを消費することに専念しています。人間は何を行うかで評価されるのではなく，何を所有するかということで評価されるようになりました。しかし品物を所有し消費をするのみでは，探し求めている人生の意味が見つからないことを知っています。物的なものをいくら積み重ねても，信頼も目的もない空白の人生をうめるわけ

にはいかないと知りました。

　アメリカ精神の危機の兆候はいたるところに見られます。この国の歴史が始まって以来初めて,過半数の人間が来るべき5年間はいままでの5年間よりも悪い世界になるだろうと考えています。アメリカ人の3分の2は投票にさえ出向きません。アメリカの労働者の生産性は下がっており,将来のために貯蓄しようという気持は西欧社会のどの国よりも低いのです。

　ご存じのように人々は政府や教会,学校,ニュースメディア等の機関を信用しなくなっています。それは嬉しいこと,よいことではなく,真に憂うべきことです。

　変化は一度に起きたのではありません。ショックに悲劇が重なり,一世代をかけて徐々に起こりました。

　かつてこの国は弾丸ではなく投票によって成り立っていましたが,ジョン・ケネディ,ロバート・ケネディ,マーチン・ルーサー・キング Jr. が殺されるに及んで,事態は変わりました。私たちはアメリカの軍隊はいつでも強く正しいと教わってきましたが,ベトナムの苦悩を経験しました。大統領は栄誉ある存在と考えていたのにウォーターゲートのショックがありました。

　完全に信頼感のある状態のことを「ドルのように

しっかりしている」と私たちは表現したものですが，10年に及ぶインフレがアメリカのドルと貯蓄の価値を縮小しました。1973年まではこの国の資源は無限であると信じていましたが，外国の石油にますますよらざるを得なくなりました。

このような国としての傷はいまだに深くうずいており，治癒されてはおりません。

この危機を乗り切るために人々は政府に助けを求めようとしましたが，政府は国民生活からかけはなれたところにありました。ワシントンD.C. は孤立した島となってしまいました。いまほど国民と政府のあいだに溝ができてしまった時代はありません。人々は容易な解答ではなく正直な解答を求め，いつわりの言葉と逃げの態度と政治的やりくりではなく，明確なリーダーシップを求めています。

アメリカの政府は行動を起こせない状態にあるように見えます。議会は民意を反映せず，何百もの利益団体が豊富な資金力をもとに正常な姿をゆがめてしまっています。あらゆる極論が最後までまかり通り，少しでも努力を要するような提案はたとえよいものではあっても支持者もなく，親のない子のように見捨てられています。

往々にして事態は行き詰まり，無為のうちに時間が

流れます。これをよしとする者はいませんが、はたしてここで何をなしたらよいのでしょうか。

　まず第一に真実に直面しなくてはなりません。そこから方向を変えていくことができます。まずお互いを信頼しなくてはなりませんし、自らを統治する能力を信じ、この国の未来を信じなくてはなりません。アメリカに失われた信頼関係を取り戻すことがいま一番大事なことです。それはいま私たちがかかえる最大の課題です。

　先週キャンプ・デービッドを訪れたある人がこう言いました。「泣きさけぶのを中止して額に汗を流さねばならない。論議ではなくて行動を起こし、悪口を言うのではなしに祈りを口にする必要がある。私たちが必要とする力はホワイトハウスから出てくるのではなく、アメリカの普通の家庭から出てくる」

〔中略〕

　いま私たちは歴史の曲がり角に立っています。そして選ぶべき道は2つあります。1つは今晩私がアメリカの問題としてあげた道で、国内の分裂と自己利益への道です。その先にあるのは、取り違えた自由であり、他人に先がけて自らのために得をするという権利の世界です。そこでは各自の利害がぶつかり合い、混

乱のなかで身動きができなくなります。それは滅亡への確実なコースです。

　しかしながら，私たちの伝統と私たちが引き継いできた歴史と未来への希望は，もう1つの道を指し示しています。それは，国民が共通の理念をもってアメリカの理想を復活させるという道です。その行く手には国にとっても国民にとっても，真の自由が待ちかまえています。

6 レーガン——巧みな物語の語り手

1986年6月，SALT II（米ソ第2次戦略兵器制限条約）破棄問題について記者会見するレーガン

尊大さはかけらもない

 アメリカの著名なコラムニスト故ウォルター・リップマンは，ド・ゴールのことを指して「ド・ゴールはフランスの指導者なのではなく，フランスそのものがド・ゴールの中にある」と述べた。

 実は同様のことがアメリカの第40代大統領ロナルド・レーガン (Ronald Reagan，在職 1981—89) についても言えそうなのである。「レーガンは単にアメリカの指導者というよりも，アメリカそのものがレーガンなのだ」と。

 もちろんアメリカ的人物であるから，レーガンはド・ゴールと異なって，壮大な愛国心のしかけとでもいったものをもっているわけではない。尊大な態度は最も忌みきらわれる行為であるから，尊大さのかけらも持ち合わせていない（ニクソンは偉ぶったところがあったので，imperial President＝帝王ぶった大統領，などとあだ名されることになった）。

 レーガンの人柄そのものは卒直で平明で活気があり，朗らかで人好きのするタイプである。言わば極めて平均的な良きアメリカ人 good fellow なのである。レーガンの伝記を書いた「ワシントンポスト」紙のルー・キャノン記者は，レーガンにはアメリカ人が最も好ましいと考える2人のアメリカ人像が宿っていると言う。

1人はとなりの家の好青年である。となりの家であるから特にとりたてて自分たちと異なった暮しや思想をもっているわけではない。ひょっとしたら今朝食べた朝食も似かよったものだったかもしれない。言わばわかりやすく近づきやすいのである。道で会えばあいさつの一つぐらいはするし、ちょっとした力仕事なら助けてくれてたのもしく、いつ見ても元気はつらつとしている。

もう1人は一家言をもっているが、愛すべき親戚のおじさんである。ちょっと口うるさくていつもの話はまたかと思わせるが、それでも愛情をもって語っていることはよくわかる。何よりも性格がよく、親しみがもてるのがいい。身内の人物であるからお互いの生活の状況もわかり合っており、これまた安心感がある。

こういう人物であるから、レーガンの語る言葉も極めて平明でわかりやすい。むずかしげな外交や経済の話をしていても、親しみさえもてるのである。大統領になる直前の発言であるが、いくつかの例をあげてみよう。

〈保険は民営のほうがよい〉
　Right now more than half the people paying into Social Security will get less than they pay in—possibly as little as half...

Truth is if we could invest your and your employer's share of the Social Security tax in savings or insurance we could make a much better return than that promised by Social Security.

(いま国家の社会保障制度にお金を払い込んでいる人の半分以上は、自分が支払った額よりも少ない額——おそらくは半分以下——を受け取ることになる。

本当はあなたの支払い分と雇用者の国家への支払い分を民間の貯金や保険に回せば、社会保障よりもよっぽど多くの見返りがあることになる)

語りの英語としてのレーガン英語

お得意の小さな政府と民間活力利用の考え方が披露されているわけだが、注目していただきたいのはその語り口である。実に自然な口語体で、耳で聞いてわかる英語となっている。right now でいま現在の話, more than half the people で人口の半分, paying into Social Security で人口の半分とは社会保障制度に払い込んでいる人々, will get less than they pay in で払う額より受け取る額が少ない! という真実が判明する。ついで possibly as little as half で判明した事実の実態が明らかになる。

わかりやすい平明な英語とは、この例文のように初めから追いかけていってもわかるという要素を含んでいなくてはならない。つまり、いちいち文章をひっくり返したり、もとにもどって主語や動詞を確かめなくてもわかるということである。そのためには、意味のまとまりがコマ切れになっていなくてはならない。この文では、「ハハア。いまの話だな」「人口の半分だな」「それは社会保障に払い込んでいるんだな」などといった具合に、意味のまとまりがつらなっている。聞くほうは、そうした意味のまとまりを1つずつ意識のなかにたたみ込みながら、次の意味単位に耳をかたむけて、結果として理解が成り立つ。

ところが、この文章が次のような構成になっていたらどうであろうか。まったく同じことを言っているのだが。

　　Probably more than half of the people who are paying into Social Security right now will get as little as half of what they pay, that means they receive less than they paid in.

これではそもそも文章そのものが長くなってしまうし、probably と言われても何が「多分」なのかとりつく島がなくて、意味は宙ぶらりんのままである。その答えは will get as little as まで待たなくてはならない。事実この構文では will get まで、すべての意味が

留め置かれている。

　次から次へと意味をなす句が重なり合っていくという平明な文の場合，耳で聞いてもわかりやすいということになる。耳は目とちがって主語をあとで確かめるなどということができにくく，時間の経過とともに消え去る「意味」を順に追わざるを得ない。したがって，なおさら「初めから追いかけていってもわかる」ということが大事である。そして耳にとってわかりやすいことは，目にとってもわかりやすいのは当然である。

　つまりレーガンの英語に見られる平明さとは，目と耳を差別しない点に特長がある。レーガンの英語は書き手の英語ではなくて，話し手の英語である。文書の英語 written English ではなく，語りの英語 oral English なのだ。

　さらに例をいくつか見ていくが，レーガン哲学とともに，レーガン英語のもつ oral な側面に注目していただきたい。

〈環境保護は行きすぎ〉
　Back in the Depression years the factory smokestack belching black clouds of coal smoke skyward was a symbol of reassurance that the good life was still possible. Today it is

an evil thing to be deplored and eliminated, symbol of everything that is wrong.

Now I'm not lobbying for air pollution, water pollution, or destruction of the environment in the name of progress... Yes, I'm aware of the problems accompanying the benefits, but do we throw away the benefits to get rid of the problems or do we have faith that the technology that gave us the benefits might first possibly rid us of the problems?

(経済大恐慌の時代には，空に向けて黒々とした石炭の煙を出していた工場の煙突は，生活はいまよりも楽になるという保証みたいなものだった。ところが今日ではいやがられ除去されるべきものになり，ものごとがうまくいかないことのシンボルになってしまった。

ここで私は空気汚染や水質汚染，進歩の名のもとの環境破壊などを支持しようというのではない。たしかに産業の拡大にともなう問題はあり，それを知らないわけではないが，産業がもたらした問題を除去するために産業のもたらした恩典を捨て去ってもよいものだろうか。産業を発展させたテクノロジーが問題解決にも役立つのだとなぜ考えられないのだろうか)

〈共産主義には対抗しなくてはならない〉

An executive with what must be the world's biggest news agency recently made a trip to Asia...

He told me that he found an almost universal anxiety over our foreign policy. Everyone in South Korea was convinced that North Korea would attack if the United States presence was reduced...

In all of his contacts in Korea he found no hostility toward the United States. He also found a resolve on the part of the people to counter communism at any cost.

(世界最大と思われる通信社の重役が最近アジアを旅行しました。そして各地でアメリカの外交政策に対する懸念の声を聞きました。韓国の人たちは，もし合衆国の軍隊がいなかったら北朝鮮は攻撃してくるにちがいないと全員考えていました。

この人は韓国でいろんな人に会いましたが，アメリカに敵意をもつ者は1人もいませんでした。また人々は共産主義に対抗するためにはあらゆる努力を惜しまない，という気持をもっていることもわかりました)

偉大な話し手

 反共主義といい，民間活力のほうを政府より信じるところといい，ここには最近になって発言力を強めてきた素朴なアメリカ人の考えることがよく出ている。東部エスタブリッシュメントのエリート（ケネディ）のように，進歩的なポーズをとるわけでもなければ，労働者や貧しい人々の声を代表する民主党政治家（ジョンソン）のように，ビッグな国内問題をビッグ・ガバメントで解決していこうとしているわけでもない。

 しかも，レーガンの英語はレトリックという技巧をつくして人々の耳目を引きつけているわけではないし，壮大な表現で人々を感服させようとしているわけでもない。その点ではケネディやジョンソンとは一線を画している。ところが，平易で気どらない英語をあやつりながら，フォードやカーターの言葉とも異なるのである。

 カーターの英語は素直であったが，一応は計算されたところがあった。脈絡を気にせずに語るのではなく，順序を立てて語るなかに正直な人柄が出てくる，といったたぐいのものであった。

 レーガンの言葉は，むしろ「たくみな物語の語り手」の言葉である。単に平明で素直でわかりやすいというのではない。ちゃんと「お話」になっているので

ある。たとえばここにあげた例文だが, 共産主義の問題について語っている。ところが大上段に「韓国における共産主義の脅威は……」などと言うのではなく, 知り合いのビジネスマンのみやげ話から始まっている。肩をいからせて語るのではなく, 言わばなで肩の語りを展開している。

しかもレーガンの「お話」は, すでに述べたようにすぐれて oral である。文書ではなくて音声によって伝えられる口承文化のおもむきが色濃い。後にあげる例文も, まさに一片の「お話」になっているのだが, たとえば, 「Now, let me explain what the situation is and what's at issue.」というところがある。これを形式ばって言い直せば, 「My fellow citizens. What is the issue? What is the situation? Let me try to answer.」などとなるのであろう。

口語体の肩肘（かたひじ）はらない話であるから, 人々はついついレーガンの言うことに耳を傾けてしまうという傾向がある。レーガンのあだ名が「the Great Communicator（偉大な話し手）」とされるゆえんである。

アメリカ的庶民性

このようなレーガン大統領の本質は, 実は極めてアメリカ的である。各紙の記者として長らくホワイトハウスに出入りしていたヘドレー・ドノバンは, レーガ

ンのことを,「the American as seen by the American（アメリカ人が描く真のアメリカ人）」, と評している。そしてレーガンのもっている「plain Americanness」は,「good guy everybody wants to be（みんながかくありたいと考える気のおけない人物）」, というイメージをかもしだしているという。しかも口語体の英語で語りかけてくる。

こうした人柄やわかりやすい語り口は, レーガンの出身地とも大いに関係がある。つまり大統領のもつ2つのふるさとは, これ以上のアメリカ的組み合わせがあろうかと思えるほどアメリカ的なのである。生まれ育ったのは中西部の小さな町であった。成人になって世に認められるような仕事を残したのは, 黄金色に輝くカリフォルニアであった。ボストンの名家や南部の大農園ではなく, 中西部の名もない町で生まれ, 出世はカリフォルニアで, というのはアメリカの神話を絵に描いたようなものである。

そもそもロナルド・レーガンの祖父は, アイルランドの食糧難をのがれカナダに住んでいたらしいが, 正式の書類もなしに1840年代に国境を越えてアメリカに入国した。レーガン自身はイリノイ州のタンピコという町の雑貨屋の2階にあったアパートで生まれた。その後一家は人口8000人のディクソンという町に移るが, ここで人間レーガンが形成されていった。

父親はアル中の商売人だったが，母親は貧しいながらも他の貧者や結核患者に施しものをするという温かい心の持ち主だった。信じられないくらい貧しかった We were damned poor., とレーガンは当時のことを思い出している。

それでも少年は，家庭にあった聖書やホレーショ・アルジャーという流行作家の書いた大衆小説を読みふけった。実はこのアルジャーの小説というのに意味があると思われる。アルジャーの小説はたくさんあるが，その全部が同じパターンをくり返しているのだ。地方の若者が苦労を重ねながらついには努力が実って大金持になるという「信念は勝つ」「意ある所に道はある」といったタイプのお話ばかりなのである。これは平均的アメリカ人の信念であり，レーガンの信念となった。

レーガンの学んだ大学は，同じイリノイ州の小さな町ユーレカにある生徒数 250 名（当時）のユーレカ・カレッジであった。ここではアメリカン・フットボールに熱中するほか演劇集団に属している。貧しかったから男子寮と女子寮の皿洗いや，プールのライフガードとして学資をかせいでいた。一応経済学と社会学を専攻していたが，成績は"C"どまりであった。「See, I never knew anything above C's.」と後ほど語っている。

6 レーガン——巧みな物語の語り手

しかし，こうした生活体験を通じてレーガンは，中西部の小さな町の価値観，愛国心，勤労の精神，神の道に生きる（学校はキリスト教団の経営）ことなどを学び取っていったものと思われる。

大学卒業後はラジオ放送局でスポーツ放送のアナウンサーをしていたが，第二次大戦後はカリフォルニアに移住して俳優になることを夢みた。ハリウッドで食うや食わずのかけだしの俳優見習いであったが，大俳優になるという夢はホレーショ・アルジャーの出世物語のようには簡単に実現せず，あまりにも金銭的に苦しいので俳優をやめようと思っていた矢先の 1954 年に幸運が舞い込んだ。テレビのドラマシリーズ「ゼネラルエレクトリック劇場」の案内役（さあ今日のドラマをお楽しみに——というあの案内者）という仕事にありついたのである。それが縁で，62 年からはシリーズ「デスバレーの日々」にレギュラー出演することになった。かくて二流ではあったが，俳優レーガンが定着したのである。

その後は俳優組合の委員長 → 州政界とのコネクション → 州知事というコースをたどって，ついには中央政界にまで進出することになるのだが，レーガンが一貫して失わなかったのは，幼いときの価値観つまりアメリカ的庶民性であった。その庶民性というのは決して気取ったものではなく，ましてや知性の匂いの

するものでもない。極めて平易で妥当で市民的常識の範囲のなかにある。レーガンが「no big brain but plenty of common sense（頭脳は大したことはないが常識はタップリ）」と言われたゆえんである。

語りの技術

大統領となったレーガンは、持ち前の「アメリカ的常識」でワシントンの「旧弊」に真っ向から立ち向かおうとしたのである。ニューディールから始まり「偉大な社会」でさらに力をつけようとしていたビッグ・ガバメントを縮小しようとした。連邦政府の支出を切りつめ、社会福祉費をカットし、税金を引き下げたのも小さなアメリカの町の常識にのっとったのである。冷戦のレトリックを用い軍備費を大幅に増額し、「悪の帝国」共産主義にそなえようとした。

前任者のカーター大統領は、プログラムとプロブレムを多く提出しすぎて国民を迷わせたと言われた。つまりあまりにも多くの細かい技術的なことにかかわりすぎて、国民には何が大事で何が大事でないことなのか判別ができかねるという状態が生まれていた。

しかしレーガンの思想は基本においてカーターと同様なポピュリズムである。その簡単明瞭な民衆中心主義の政策が正しいか正しくないかはともかくとしても、「まずやるべきこと」がはっきりと見えた点が

カーターと異なっている。複雑なワシントンの世界をわかりやすい常識で切っていくという政策が実施されたからこそレーガン革命 Reagan Revolution とよばれた。

レーガンがワシントンに連れて来た一団のレーガン支持者たちも、これまでに例を見ないたぐいの人々であった。古いアメリカ的価値を心から信じ、言動は明快で人間的には人好きのするという若手が中心であったが、テクノクラート的人物に慣れたワシントンでは「エキゾチックな」人間集団とされたものである。しかし若々しい理想主義に燃えており、1982年にワシントンに居た筆者などは、若者の理想主義は必ずしもリベラルである必要がないのだという事実に大変驚いたものである。

ワシントンでさまざまな政権の移り変わりをながめ、大統領が替わるたびにやってくる補佐集団とつきあってきた土地の人々は、「こんなに信念にあふれ、やる気に満ちた集団はケネディ時代のニューフロンティア人種以来だ」と話し合ったりした。

もちろんレーガン革命の一団が「まず最初にやるべきこと」と考えた最優先課題はレーガノミックスの実施、より具体的には国家予算の切り詰めと所得税の削減であった。彼らによれば、今日のアメリカの諸問題をもたらしたのはニューディール体制というビッグ・

ガバメントであり,一刻も早く小さな政府を実現する必要があった。

レーガン大統領と言えば,アメリカの失われた威信を取り戻し共産主義に対して立ち向かったタカ派の大統領というイメージがあるが,それはほんの一面にすぎない。それは事実ではあるが,むしろレーガンの真髄は国内政策にみるべきものなのである。

日本にいるわれわれはどうしても大統領の対外政策ばかりを見がちだし,あげくのはてには大統領とは外交政策のみにかかわっている職だという風に思い込んでしまいがちである。しかし,それでは大統領の性格やアメリカの動向を見誤ることになる。したがって本書では一貫して内政重視の見方をしてきた。

ナイスガイのレーガンがくり広げた政策もまた,すぐれて国内向けなのである。ここでは,レーガノミックス思想を実現しようとしたときの演説を検討してみることにした。テレビを通じて全国民に減税の必要性を訴えたくだりである。

展開されるレーガン特有の思想と合わせて,すでに述べた語りの技術とでもいったものに注目していただきたい。

《Appeal for Tax Reduction (1981)》

It's been nearly 6 months since I first reported to you on the state of the Nation's economy. I'm afraid my message that night was grim and disturbing. ❶ I remember telling you we were in the worst economic mess since the Great Depression. Prices were continuing to spiral upward, unemployment was reaching intolerable levels, and all because government was too big and spent too much of our money.

注❶ I remember telling you... という文章であるが、ここでは「私」が「あなた」に語りかけている。極めて個人的な私とあなたの関係が示唆されているわけだが、レーガンのスピーチは概して個人的な語りかけが多い。ホワイトハウスという高い場所から、一般国民の「皆さん」に向かって「My fellow Americans...」と呼びかけるのではない。むしろヒザとヒザを突き合わせて、I と you が語り合うのである。

こういう「個人的で温かい関係」というのは、レーガンが青年時代に大統領であったフランクリ

ン・ローズベルトから学びとったものである。ローズベルトは普通の演説もしたが，それとは別に当時のハイテク製品ラジオを使って国民に語りかけた。それもホワイトハウスの地下の部屋で，暖炉に火をたきながらくつろいだ雰囲気のなかで語りかけた。これを the fireside chat（炉辺談話）などという。ローズベルトの声を自宅の居間で聞いた人々は，まるで大統領自身が家にやって来て語りかけているように感じたという。

レーガンはこうした感覚を大事にしたいと考えているようで，たびたびローズベルトの fireside chat に言及したほか，自分自身もわざわざラジオを通して国民に語りかけている。月に1回，土曜日の午後8時にレーガンは政局や当面の問題点，日常生活の感想等について語っている。

直接国民に you と語りかけるというのは，いかにも庶民的な大統領の思想であると同時に，人々の心をつかむたくみな語りのテクニックでもある。実際には全国民をひとまとめにして話してはいるのだが，聞く者に「自分はその他大勢の1人にすぎない」という気持を与えないのである。したがって聞くほうも，自分に語りかける大統領ということでついつい身を乗り出してしまう。

We're still not out of the woods, but we've made a start. And we've certainly surprised those longtime and somewhat cynical observers of the Washington scene, who looked, listened, and said, "It can never be done; Washington will never change its spending habits." Well, something very exciting has been happening here in Washington, and you're responsible.

❷ Your voices have been heard—millions of you, Democrats, Republicans, and independents, from every profession, trade and line of work, and from every part of this land. You sent a message that you wanted a new beginning. You wanted to change one little, two little word—two letter word, I should say. It doesn't sound like much, but it sure can make a difference changing "by government," "control *by* government" to "control *of* government."

注❷ここのパラグラフも「Your voices...」「You sent...」「You wanted...」と You で始まる文章が3つ続いて, 語り手ではなくて聞き手が中心になってアメリカが動いているということが強調される。もちろん You には単数の「あなた」と複数の「あなた方」があるが, このスピーチではさほど厳密な

区分をしないで使われていると考えられる。

このあとも多くの you が出てくるところに注目していただきたい。

レーガンはネオポピュリスト（1890年代の人民主義者ではないが新しい形の庶民中心主義者）だと言われたが，このスピーチなどはその典型で，庶民である you がすべてを動かしているのだとされる。

In that earlier broadcast, you'll recall I proposed a program to drastically cut back government spending in the 1982 budget, which begins October 1st, and to continue cutting in the '83 and '84 budgets. Along with this I suggested an across-the-board tax cut, spread over those same 3 years, and the elimination of unnecessary regulations which were adding billions to the cost of things we buy.

All the lobbying, the organized demonstrations, and the cries of protest by those whose way of life depends on maintaining government's wasteful ways were no match for your voices, ❸ which were heard loud and clear in these marble halls of government. And you made history with your telegrams, your letters, your phone calls and, yes, personal visits to talk to your elected Representatives. You reaffirmed the mandate you delivered in the election last November—a mandate that called for an end to government policies that sent prices and mortgage rates skyrocketing while millions of Americans went jobless.

注❸ marble halls of government はもちろんたとえ話。たしかに合衆国議会は大理石でできているが，議場そのものの内装は木だし，ホワイトハウスも同様である。

しかし，ついつい政治の行われる殿堂は大理石でできている，などと想像しがちな人間の気持を代弁している。そこに庶民の声が loud and clear にひびきわたるのである。

レーガン政権初期に，ホワイトハウスのスピーチライターを務めていたデービッド・ガーゲンは，「レーガンはたとえ話で語る男だ」と述べている。たしかにたとえ話で語ってもらったほうが，抽象的な話よりもわかりやすい。そして何よりも「お話をしている」という雰囲気がただよう。

たとえ話が好きだったのは，歴史上の大統領ではエイブラハム・リンカンである。そしてリンカンもお話の好きな親類のおじさんという親しみのあるイメージをもっている。

Because of what you did, Republicans and Democrats in the Congress came together and passed the most sweeping cutbacks in the history of the Federal budget. Right now, Members of the House and Senate are meeting in a conference committee to reconcile the differences between the two budget cutting bills passed by the House and Senate. When they finish, all Americans will benefit from savings of approximately $140 billion in reduced government costs over just the next 3 years. And that doesn't include the additional savings from the hundreds of burdensome regulations already cancelled or facing cancellation.

❹ For 19 out of the last 20 years, the Federal Government has spent more than it took in. There will be another large deficit in this present year which ends September 30th, but with our program in place, it won't be quite as big as it might have been. And starting next year, the deficits will get smaller until in just a few years the budget can be balanced. And we hope we can begin whittling at that almost $1 trillion debt that hangs over the future of our children.

注❹このあたりがレーガノミックスの本質的な部分であろう。政府予算をけずり,政府規制を廃止していくというのであるから,いわゆる小さな政府をめざしていた。レーガン政権下で文部・厚生省の長官になった人物は,就任の第1日目に主だった幹部を集めて「私の目的はこの役所をつぶすことにある」と語った。関係者は仰天したが,当時のレーガン信奉者たちはそれだけの意気込みをもっていた。

このような発想は,政府の力を用いて貧困や社会の不公平をなくしていこうとするリベラルな考え方とまっこうから対立するものであったから,このスピーチの翌日リベラルな新聞の代表「ニューヨークタイムズ」は次のようにかみついた。

What is no longer in doubt is that his economic remedies mask an assault on the very idea that free people can solve their collective problems through representative Government. One day soon Americans will rediscover that their general welfare depends on national as well as parochial actions. And then they will want not just a powerful President but one who cherishes the power of Government to act for the common good.

(いよいよ明確になったことは，自由な人間が共通の問題を民主的政府を通じて解決できるとする考えそのものに対して，大統領はその経済政策を持ち出して対抗を始めたということだ。いずれの日にか近々にアメリカ人は，やはり福祉というものは国家や地方政府の手になるものだということを再発見するだろう。そのときになって人々は単に強力な大統領というよりは，国民共通の利益のために政府の力を大事にする大統領を望むことになる。——「ニューヨークタイムズ」1981年8月2日）

Now, so far, I've been talking about only one part of our program for economic recovery—the budget cutting part. I don't minimize its importance. Just the fact that Democrats and Republicans could work together as they have, proving the strength of our system, has created an optimism in our land. The rate of inflation is no longer in double-digit figures. The dollar has regained strength in the international money markets, and businessmen and investors are making decisions with regard to industrial development, modernization and expansion—all of this based on anticipation of our program being adopted and put into operation.

A recent poll shows that where a year and a half ago only 24 percent of our people believed things would get better, today 46 percent believe they will. To justify their faith, we must deliver the other part of our program. Our economic package is a closely knit, carefully constructed plan to restore America's economic strength and put our Nation back on the road to prosperity...

....

I have recently returned from a summit meeting with world leaders in Ottawa, Canada, and the message I heard from them was quite clear. Our allies depend on a strong and economically sound America. And they're watching events in this country, particularly those surrounding our program for economic recovery, with close attention and great hopes. In short, the best way to have a strong foreign policy abroad is to have a strong economy at home.

The day after tomorrow, Wednesday, the House of Representatives will begin debate on two tax bills. And once again, they need to hear from you. I know that doesn't give you much time, but a great deal is at stake. ❺ A few days ago I was visited here in the office by a Democratic Congressman from one of our Southern States. He'd been back in his district. And one day one of his constituents asked him where he stood on our economic recovery program—I outlined that program in an earlier broadcast—particularly the tax cut. Well, the Congressman, who happens to be a strong leader in support of our program, replied at some length with a discussion of the technical points involved, but he also mentioned a few reservations he had on certain points. The constituent, a farmer, listened politely until he'd finished, and then he said, "Don't give me an essay. What I want to know is are you for 'im or agin 'im?"

注❺ ここでもまた南部の農家をめぐる挿話が出てくる。ごていねいに for 'im (him) or agin (against) 'im (him) などと南部なまりの引用まで入っているが、前のたとえ話と同じようにちょっとしたエピソードは話をわかりやすくし、親しみを増す。

レーガンは the Great Communicator と呼ばれて

いたが，その理由は，こうした小話をはさんだりたとえを用いたりしているため，話が生き生きとわかりやすいということにある。さらに初めに述べたように，大統領は顔のない大群衆に語るのではなく「私」に語りかけてくるのでパーソナルな雰囲気が生じ，なおさら説得力が生じるわけだ。

しかもここで見る通り語り口は実におだやかで素直。具体的でもある。決して形式におぼれたり，大言壮語で人を煙に巻くというところがない。このような平易で明快な英語 plain English の伝統は，フォード大統領，カーター大統領と続いているのだが，レーガンはより一歩踏み込んで書き言葉と話し言葉の差をなくしている。「お話」の名手なのである。

Well, I appreciate the gentleman's support and suggest his question is a message your own Representatives should hear. Let me add, those Representatives honestly and sincerely want to know your feelings. They get plenty of input from the special interest groups. They'd like to hear from their home folks.

Now, let me explain what the situation is and what's at issue. With our budget cuts, we've presented a complete program of reduction in tax rates. Again, our purpose was to provide incentive for the individual, incentives for business to encourage production and hiring of the unemployed, and to free up money for investment. Our bill calls for a 5-percent reduction in the income tax rates by October 1st, a 10-percent reduction beginning July 1st, 1982, and another 10-percent cut a year later, a 25-percent total reduction over 3 years.

But then to ensure the tax cut is permanent, we call for indexing the tax rates in 1985, which means adjusting them for inflation. As it is now, if you get a cost-of-living raise that's intended to keep you even with inflation, you find that the increase in the number of dollars you get may very likely move you into a higher tax bracket, and you wind up poorer than you would. This is called bracket creep.

❻ Bracket creep is an insidious tax. Let me give an example. If you earned $10,000 a year in 1972, by 1980 you had to earn $19,700 just to stay even with inflation. But that's before taxes. Come April 15th, you'll find your tax rates have increased 30 percent. Now, if you've been wondering why you don't seem as well-off as you were a few years back, it's because government makes a profit on inflation. It gets an automatic tax increase without having to vote on it. We intended to stop that.

注⑥「bracket creep」だけでは不明なところが多いので、具体的に数字を出して、インフレのおかげでいかに税率が上がってしまったかという説明がなされる。

　こういうやり方は他のスピーチにも共通しており、場合によっては表やグラフを指しながら話が進められる。レーガンの「親友」中曽根首相も同じようなスタイルでグラフを指しながら話をしたことがあった。

Time won't allow me to explain every detail. But our bill includes just about everything to help the economy. We reduce the marriage penalty, that unfair tax that has a working husband and wife pay more tax than if they were single. We increase the exemption on the inheritance or estate tax to $600,000, so that farmers and family-owned businesses don't have to sell the farm or store in the event of death just to pay the taxes. Most important, we wipe out the tax entirely for a surviving spouse. No longer, for example, will a widow have to sell the family source of income to pay a tax on her husband's death.

There are deductions to encourage investment and savings. Business gets realistic depreciation on equipment and machinery. And there are tax breaks for small and independent businesses which create 80 percent of all our new jobs.

This bill also provides major credits to the research and development industry. These credits will help spark the high technology breakthroughs that are so critical to America's economic leadership in the world. There are also added incentives for small businesses, including a provision that will lift much of the burden of costly paperwork that government has imposed on small business.

In addition, there's short-term but substantial assistance for the hard pressed thrift industry, as well as reductions in oil taxes that will benefit new or independent oil producers and move our Nation a step closer to energy self-sufficiency. Our bill is, in short, the first real tax cut for everyone in almost 20 years...

If I could paraphrase a well-known statement by Will Rogers that he had never met a man he didn't like, I'm afraid we have some people around here who never met a tax they didn't hike...

In a few days the Congress will stand at the fork of two roads. One road is all too familiar to us. It leads ultimately to higher taxes. It merely brings us full circle back to the source of our economic problems, where the government decides that it knows better than you what should be done with your earnings and, in fact, how you should conduct your life. The other road promises to renew the American spirit. It's a road of hope and opportunity. It places the direction of your life back in your hands where it belongs.

❼ I've not taken your time this evening merely to ask you to trust me. Instead, I ask you to trust yourselves. That's what America is all about. Our struggle for nationhood, our unrelenting fight for freedom, our very existence—these have all rested on the assurance that you must be free to shape your life as you are best able to, that no one can stop you from reaching higher or take from you the creativity that has made America the envy of mankind.

注❼ 「I've not..., ask(ed) you to trust me. Instead, I ask you to trust yourselves.」というのはめずらしくケネディばりのレトリックである。「私を信用することをお願いするのではなくむしろ……」の instead が話の内容を逆転させて，trust の向かう先は意外にも yourselves となる。

ここで聞いている人はハッとなって，言われていることの内容に強く印象づけられるわけだ。

One road is timid and fearful; the other bold and hopeful.

In these 6 months, we've done so much and have come so far. It's been the power of millions of people like you who have determined that we will make America great again. You have made the difference up to now. You will make the difference again. Let us not stop now.

Thank you. God bless you, and good night.

《減税の訴え (1981)》

　私が皆さんの前で初めて国の経済状態について報告をしてから6ヵ月が経ちました。あのときの話の内容は深刻で気がかりなものでした。当時経済大恐慌以来の悪化した経済状況のなかにあると述べたことを覚えています。物価は上向きのままでしたし失業は我慢の限界に達しておりましたが、それは結局は政府が巨大になりすぎて私どものお金を使いすぎていたからです。

　問題が解決したわけではありませんが、解決への第一歩は歩み出しました。そしてワシントンを長年にわたって見つめ続けてきて、「それは不可能だ。ワシントンは浪費ぐせを直せるはずがない」という皮肉な観察をしていた人々を驚かせることになりました。つまり、ここワシントンで大変注目すべきことが起こっているのであり、それは皆さんのおかげなのです。

　民主党員、共和党員、独立派の人間、あらゆる職業についている人々、あらゆる仕事についている全国各地の何百万人もの人々の声がワシントンに届きました。新しく事態を考え直さなくてはならないというあなたの声をあなたがあげたのです。あなたが1つ、2つの言葉を――いや2文字に手を加えることを望んだ

のです。あまり大きな変更のようには見えないかもしれませんが，しかし，「政府による」つまり「政府による統制 control *by* government」から2文字を抜いて「政府の統制 coutrol *of* government」と変えたときの意味は大きいのです。

以前にここでお話ししたときに，10月1日から始まる1982年度の政府支出を大幅にけずるという計画を提案いたしました。そして83年度，84年度も予算削減を続けるつもりだと言いました。同時に延べ3年間にわたる一律減税についてふれ，私どもが買う物の価格を何十億ドルもつり上げることになる，不必要な政府規制を除去したいと申しました。

政府の浪費ゆえに生きのびてきた人々は，組織的なデモを行いロビー活動を展開し反対の声をあげましたが，あなた方の声の前にかき消されてしまいました。あなた方の声は政府の大理石のロビーで大きくよく通る声だったのです。あなたが送りつけてきた電報や手紙，電話や議員への陳情などのおかげで歴史のコースが変わりました。去年の11月の選挙で表明された国民の声，それは物価や利率が高騰するなかで，何百万人ものアメリカ人が失業しているという政策を中止せよという声でしたが，その気持をあなたはふたたび示してくれたのです。

声をあげてくれたおかげで、議会の共和党員と民主党員が力を合わせ、連邦政府予算の歴史のなかでもまれと言える大きな削減を行うことができました。ちょうどいま下院議員と上院議員が会談をしており、上院の削減案と下院の削減案の調整をしております。話し合いが成立したときには、この3年間で政府予算が1400億ドル節約されることになり、全国民がその恩恵に浴することになります。このほかにも何百件ものやっかいな政府規制が撤廃されたか、撤廃されようとしております。

過去20年間のうち19年にわたって政府は収入を上回る支出を続けてきました。9月30日に終わる今年度も多額の赤字が出る予定です。しかし私どもの計画が実行されるときには、赤字はさほど大きなものにはならないでしょう。来年度からは赤字は年々小さくなり、数年のうちには収支のバランスが取れるようになります。さらに、私たちの子供の将来に暗くのしかかってくる1兆ドルにも及ぶ赤字国債も、少しずつくずしていきたいと思います。

いままでは、経済回復のための私たちの計画の一部についてだけ、つまり予算の削減についてのみお話ししてきました。たしかにこれは重大なことがらです。民主党員と共和党員が協力することができたというこ

とだけをとっても，政治のシステムがうまく機能するのだということを立証したことになり，国中に明るい気持がみなぎりました。インフレは2桁ではなくなりましたし，ドルは国際市場で力をつけ，実業家，投資家たちは業務を拡大したり合理化しようという動きを示していますが，こうしたことはすべて私たちの計画が採択され実施されることを前提としています。

　最近の世論調査によると，1年半前にはアメリカ人の24パーセントが未来は明るいと考えていましたが現在では46パーセントがそう考えています。その気持に応えるためにも，私たちは計画を実行しなくてはなりません。私たちの提案している経済関係の諸法案は相互に密接な関係をもち，よく練られたもので，アメリカの経済活力を回復させ，この国をふたたび繁栄の道にもどすためのものです。

〔中略〕

　私は最近カナダのオタワの首脳会談に出席し，世界の指導者たちと会ってきましたが，そこで聞いた皆の気持ははっきりしていました。つまり私たちの友好国は強力で経済的にしっかりしたアメリカに依存しているということです。そこで彼らはこの国の出来事，特に経済回復計画に注目し，大きな希望を託しているの

です。つまり，強力な外交政策を進めるためには国内経済が強くなくてはならないのです。

あさっての水曜日に下院で税制をめぐる議論が始まります。そのときにはふたたびあなたの声が必要になります。時間がないことはわかっていますが，これは一つの山場です。数日前私のところにある南部出身の議員がやって来ました。地元へ行ってきたばかりでした。そこで選挙民の1人が，私たちが提案している経済回復計画をどう思うかをたずねました。特に減税についてたずねたのです。この点については前回に説明しました。さて，もともと私どもの計画を強く押していたこの議員は，時間を割いて技術的な部分について語ったあと，いくつか問題点があると言ったのです。選挙民というのは農民でしたが，話が終わるまで礼儀正しく聞き，終わりにこう言いました。「ごたくはもういいから。ワシの知りたいのはお前さんが大統領の側なのかそうでないのかちゅうこった」

私はこの農民の気持をありがたく思いますし，同じことをあなたも下院議員たちに問いかけていただきたいのです。ついでに言えば，下院議員たちも本心からあなたの気持を知りたがっています。彼らは特殊な利害関係者からはさんざん意見を聞かされています。しかし地元の人間の声を欲しているのです。

さて，一体何が問題になっているのか，状況はどうかといったことをここで説明しましょう。私たちは予算を切り詰めるとともに税率を引き下げるべく，包括的なプログラムを提案しました。たびたび言っているように私たちの目的は個々人にやる気を起こさせ，企業に生産を勧めて失業者を雇い入れ，投資のための資金を流通させることです。法案では10月1日までに所得税率を5パーセント下げ，1982年7月1日からは10パーセント下げ，さらに1年間で10パーセント下げて，3年間で合計25パーセントの引き下げをはかろうというものです。

しかも税の引き下げが永続するように1985年には税率を連動させます。つまりインフレに対して調整をします。現在のようにあなたに生活費上昇にともなう自動昇給があった場合インフレに追いつくことになりますが，名目手取りが増えたばっかりに高額所得者の部類に入れられて税金が重くなり，前よりは貧しいということになります。これが税率の家計への侵入です。

税率の家計への侵入はずるい形の税金です。例をあげましょう。1972年に年間1万ドルの所得があったとしますと，80年にはインフレを乗り切るために1万9700ドルの所得が必要になります。しかしこれは税金を払う前の話です。4月15日になって気がつく

のは，税率が以前とくらべて30パーセントも上がっているということです。もしあなたが，数年前とくらべて少しも生活がよくなっていないと感じているなら，それは政府がインフレのなかでもうけているからです。法律をつくらなくても自動的に税金が増えていくのです。私どもはこうした事態を中止させるつもりです。

時間がないので細かい点にふれることができません。しかし私たちの法案は，経済をもりたてるに必要なものをほぼすべて含んでいます。私どもは結婚したために損をするしくみを緩和しようとしています。独身時代に別々に仕事をしていたときよりも，結婚したために夫と妻は合計して以前よりも税金を多く払わねばならないというあの不公平なしくみです。遺産相続税免除の下限を60万ドルにまで引き上げることによって，万一のときに農場や店を売らなくてもすむようにしようとしています。特に，遺族となった配偶者には，一切税金がかからないようにしようとしています。夫の死によって生じる納税の義務のために，収入源であるものを妻が売り払わなければならないといったことのないように。

投資と貯蓄を奨励するための控除もあります。企業には設備，機器に対して理に適った控除をすることが

ありますし，アメリカの新規雇用口の 80 パーセントをつくり出している小企業，自営業にも減税が行われます。

研究・開発にも税制上の優遇が与えられます。その結果アメリカが世界の経済上のリーダーシップを取るのに必要な高度技術の開発が進むことになるでしょう。中小企業に対してはさらに，政府に対する提出書類を少なくして業務の煩雑さをやわらげる等の奨励策がとられます。

さらに，苦境に立たされている慈善事業体には短期ではありますが相当額の助成金が出されますし，石油税を引き下げることにより新規生産者や独立系の生産者を助け，この国をエネルギー自給自足の姿に一歩近づけるでしょう。つまり私たちの提案は，20 年ぶりに行われる国民全員のための真の減税なのです。

ウィル・ロジャーズ（1879～1935，アメリカの俳優，ユーモア作家）はどんな人間でも会えば好きになると言いましたが，その言い方を借りると，どんな税金でも実施されればつり上がるのです。

数日のうちに議会は分かれ道にさしかかります。1 つの道は私たちのよく知っている道です。それは結局は高い税金に結びつきアメリカの経済問題の原因にたどり着きます。そこではあなたよりも政府のほうがも

のごとをよく知っていてあなたの収入をどうすべきか，はたまた人生をどう送るべきかなどということを政府が決めてしまいます。もう1つの道は，アメリカの精神を蘇えらせる道です。希望とチャンスに満ちた道です。そこではあなたの人生はあなたの手で決めることになります。

今晩は私を信用しろと言うために時間をいただいたのではありません。むしろあなたは自分自身を信用してほしい。それが本来のアメリカです。国家として生まれる苦労，自由へのたゆまぬ戦い，私どもの存在そのもの——そうしたことがらは，あなたが自由に自分の人生を切り開き，足を引っぱる人間は1人もおらず，人類社会から注目されるアメリカをつくり上げた創造性は誰も奪うことができない，という前提のもとに成り立っています。

1つの道は小心で恐怖心に憑かれた者に，もう1つは勇敢で希望をもった者のために。

ここ6ヵ月私たちは非常に多くのことを成し遂げてきました。それはアメリカをふたたび偉大な国にしたいと願う，何百万人ものあなたのような人々の力ゆえに可能でした。いままでどおりその力を発揮してください。ここで立ち止まる必要はありません。

ありがとう，そしておやすみなさい。

7 ブッシュ（父）——優等生の限界

1990年12月，イラクのクウェート撤退に関する
国連決議を実施する，と語るブッシュ（父）

忍従の大統領

ミスター・アメリカンと言われ,ナイスガイのあだ名をもっていたレーガン大統領とくらべれば,およそ対照的なのがブッシュ大統領(George Herbert Walker Bush,在職 1989—93)である。ブッシュが特別の悪人であったというわけではなく,むしろ善良な人柄で,合理的な発想の持ち主であり,教養もそこそこにあって,その言葉も理路整然。スマートな身のこなしとともにいかにも優秀なアメリカ人の典型であったが,それでも近年まれに見るほど影の薄い大統領である。大統領としては1期4年間を務めただけであり,在職期間が短いことが印象の薄い原因かとも考えられるが,本当のところはもっと「構造的」なのである。

構造上の問題は 1980 年の大統領選挙にさかのぼる。それまでにテキサスの石油ビジネスで巨万の富を手にしており,合衆国の下院議員(共和党)を2期にわたって務めるなど政界でも知名度が高かった。「テキサスの百万長者ブッシュ」は,ニクソン大統領の引きなどで数々のハイレベルの役職にもついていた。71年から73年までは国連大使であったし,中国との国交が成立すると早速アメリカが開設した連絡事務所の所長を務めた。そして76年から77年にかけてはCIA(米中央情報局)の長官という要職にあった。こ

うした背景をもとに80年に共和党の大統領候補に指名されるべく名乗りをあげたが、このあたりから歯車が狂い始める。

レーガン候補と激しい指名獲得争いを繰り返したあげく、共和党の正式候補者になることを断念。しかしレーガン陣営は副大統領候補としてブッシュを招聘し、結果として1981年のレーガンの大統領就任から2期8年間にわたって副大統領を務めた。ブッシュ副大統領は極めて忠実にその任務をこなしていった。しかしながら、自分の立場をわきまえて主人である大統領をもりたて、自らはサポート役として期待される副大統領像を演じて見せたところに問題があった。ブッシュ本人の政策イメージや人間像がぼやけてしまい、それがのちの混乱やビジョンの欠落につながり、92年の選挙の際に命取りになるのである。

ブッシュはもともとレーガン的なものの正反対を行く人物であった。その経歴から言っても映画俳優あがりのレーガンとはちがって、ワシントンの中枢部で重要な役職をこなした優秀なテクノクラートであった。父親はコネチカット州選出の上院議員であったし、高等学校も有産階級の子女が通う著名なプレップスクールを卒業した。第二次世界大戦中は米海軍のパイロットとして太平洋戦線で活躍し、日本軍に撃ち落とされたりしてヒーローとなった。戦後に通った大学もエ

リート臭がにおう東部のアイビーリーグ校の一つ,イェール大学である。もともと「銀のスプーンをくわえて生まれてきた born with a silver spoon in his mouth」などと言われたが,幼くして大義のために身を投げ出す felt the responsibility for justice などという「指導者としての教育」を仕込まれた。

こういう人物の語る言葉はまことに論理的であって,一見非の打ち所がない。レーガンの口語体の発想とは異なる次元の思想が展開される。取り巻きのブレーンの面々もブッシュに似た高度の学歴をもった者たちが多かったが,大統領の指名をめぐってレーガンと争っていたときのことである。レーガンの提案している経済政策(後にレーガノミックスと言われる)は経済理論を無視した,むちゃくちゃな発想だというので,Voodoo Economics などと命名したのも,こうした「学歴ギャップ」の産物であった。Voodoo はカリブ海の島々で行われている呪術のことで,近代以前の怪しげで迷信的な発想,といったほどの意味が込められていた。

もちろん副大統領となってからはそのような発言はひかえていたが,しかし水面下ではブッシュ陣営とレーガン陣営のあいだに相当な軋轢があった。かつてホワイトハウスに出向いて聞き取りを行っていたときのことである。前の章で見たように,レーガン大統領

の取り巻きは元気な地方出身のアドバイザーたちが多かったが、ブッシュ副大統領の引きでホワイトハウス入りした者たちは異なった発想をもっていた。同じ政権を担当しながらブッシュ系のアドバイザーたちは、レーガン陣営の思想のなさや計画性のなさなどを言い立て、さかんにレーガン派の悪口を述べるのであった。大統領系はポピュリスト populist と言われる民衆系の発想をもち、副大統領系は理論派のテクノクラートであったから、両者は水と油のような関係だったと言える。レーガンホワイトハウスは、実質上分裂状態にあった。

　レーガンの地盤を受け継ぐかたちでブッシュが大統領となってからは、レーガンの体質に批判的なテクノクラート系の天下となったわけだが、しかし8年間にわたる忍従の生活は、ブッシュ陣営の特徴をすっかり色あせたものにしてしまっていた。それだけではない、いろいろ批判はあったにせよ、レーガン大統領はそのカリスマ性をもって「the Reagan Coalition（レーガン連合）」と言われる国民のあいだの広い支持基盤を形成していた。クールで理論派のブッシュ陣営は、その基盤を保持することさえできなかったのである。

劇的な世界変動にみまわれる

　大統領としてのイメージがはっきりしないブッシュであったが、まことに皮肉なことに、カリスマ性の強い大統領といえども困惑してしまうような、かつてなかった世界大変動の波が、数回にわたって大統領を見舞うことになった。そして国民は大波にのまれ続けているブッシュ大統領を見放すことになるのである。

　大波のなかでも特筆すべきは、共産主義圏の崩壊とそれにともなう冷戦構造の消滅であろう。レーガン大統領は共産主義勢力を「悪の帝国 the Evil Empire」と呼んで軍備増強に励んだし、ニクソン大統領は反共主義の波に乗って大統領にまでなった人物であった。ケネディ時代のベトナム戦争は、「封じ込め作戦」などと称して共産主義圏を拡大させないための戦争であった。言わば冷戦あっての大統領のリーダーシップといった感があったし、アメリカの戦後政治そのものが、共産主義の脅威という重低音に支えられてその交響曲を成立させてきたかのような感があった。ことに共和党の政権は国内の反共産主義に支えられていた。

　しかしミハイル・ゴルバチョフのソビエト連邦大統領辞任や、ベルリンの壁の崩壊とともに、共和党政権の大きな存在理由の一つが崩壊したのである。おそらくこれは歴史上の大事件であり、その流れを正確に読みとることで、アメリカの大統領の新しい存在価値が

生まれたのであったろう。さらに言えば、第二次世界大戦後に生まれた国際連合や北大西洋条約機構、世界銀行の制度などのもろもろの体制が総点検され、自己反省も含めて世界のなかのアメリカの役割がまったく別な角度から打ち立てられなければならなかった。にもかかわらずブッシュ政権のビジョンの欠落が目立つことになった。ブッシュ大統領は新しい世界秩序 New World Order の必要性を指摘したが、実質的には東ヨーロッパの混乱なども放置したままであったし、リーダーシップをとることもなく、従来の延長線上の発想で政策を遂行するだけであった。

しかし世界情勢はさらに過酷なテストをアメリカの大統領に投げつけたのである。それは右でも左でもない、思いもかけない方向からのチャレンジであった。アラブ世界の有力者、イラクのサダム・フセインとの対立激化である。もともとアメリカ合衆国とイラクは友好関係にあり、さまざまな武器や兵器の製造装置などもアメリカからイラクに売却されていた。その総額は20億ドル以上に達している。しかしフセインは従来、領有権を主張していたクウェート地域を占拠するに至った。ブッシュ大統領は中東での石油権益の保護からも対応処置を講じる必要に迫られ、世界の世論やアメリカの世論を味方につけようとした。国連でのイラク非難決議が採択され、アメリカ軍を中心とした軍

隊が中近東に派遣された（Operation Desert Storm）が，その数は最大でアメリカ軍42万5000人，国連傘下の諸国軍が11万8000人に達している。

　しかしながら，アメリカが中心となったイラク攻撃は，マスメディアなどから受ける印象とは異なって，アメリカ国民の総意を受けたものでは決してなかった。ブッシュ大統領は選挙民から親しみをもたれるというタイプではもともとなかったが，1991年の湾岸戦争は国民と大統領の距離をますます遊離したものにしてしまった。が，それだけではなかった。湾岸戦争は，世界のなかのアメリカの立場さえもますます孤独なものに追い込んだのである。ソビエト連邦が崩壊したあとのアメリカは「エリート」として一人勝ちを続けているように見えたが，友好国サウジアラビアの保護のために多数の米軍が派遣され，イスラエルの防衛が強化されて国連軍が動員されるに及び，「アメリカの味方」はその数を減らし，アラブ世界などに反感の種がまかれることになった。ハイテクを駆使した電撃作戦でフセインの封じ込めが行われたとき，アラブの怨念が生んだ「たたり」は，回り回って息子のブッシュの時代に，悪夢のような「ナインイレブン」事件となって噴出するのである。

別荘地の出来事

1991年2月の「ボストングローブ」紙をひっくり返してみると,ちょっと象徴的なできごとが報道されている。湾岸戦争最中の2月17日の日曜日,大統領夫妻は週末を別荘のあるケネバンクポートで過ごしており,日曜の礼拝に行きつけの教会を訪れていた。小さい白いペンキ塗りの教会は,簡素でいかにもニューイングランド的なたたずまいであった。最前列の木のベンチに大統領夫妻が着席してまもなく,パトリシア・アダムズ牧師の司会で礼拝が始まったが,10分ほどして,集会に集まった人々が順番に祈りを捧げる時間がやってきた。2人の信徒の祈りが終わったのち,3番目に立ち上がった人物はジョン・シュックハートといい,白髪の51歳,海兵隊員の経歴をもつ退職した弁護士であった。ピンストライプのスーツにネクタイというよそ行きの服装の紳士は,次のように発言したのである。

> 1つの心配事があります。イラクの1800万の人間たちのことです。その半分は15歳以下の子供たちです。毎日1000機以上の飛行機で爆撃を受けるというのはどういうことか,私たちはよく考えてみなければなりません。神のお力を得て,私は貧しい人々と,苦しみを受けている人々のた

めに，申し開きをしたい。いまこそ私たちは悔い改めるべきなのです。いまこそ自らの過ちを認めるべきときなのです。私たちは，平和の使いにならなくてはならないのです。アメリカが行っている攻撃は悪意に満ち，不道徳なものなのです

　大統領の前での突然の反戦演説にすっかり仰天してしまった教会の会衆は，全員が起立し，誰が音頭をとるともなく「神よ，アメリカを恵み給え God Bless America」を歌い出し，その大合唱のなかで日曜の集会が終わったという。
「神よ，アメリカを恵み給え」の大合唱で異論を押し切ってしまう，ナショナリズムめいた感情の高揚のなかでややこしい存在は無視してしまう，という行為は，別にこのニューイングランドの別荘地にだけ見られたのではない。アメリカの歴史のなかにこうした例はいくらでもあるし，ことに湾岸戦争中には全国いたる所で見受けられた光景だった。
　たとえば，この事件の前日に「ロサンゼルス学生平和ネットワーク Los Angeles Student Network for Peace」という学生組織が結成されていたし，ニューヨークでは 1500 人以上が参加した平和のための行進があった。ソルトレークシティーやボストンでも大規模な反戦デモが行われていた。2 月 18 日にはマサ

チューセッツ州の学生町アムハーストで，戦争に反対した20歳の若者が，町の広場で焼身自殺を遂げていた。にもかかわらず，こうしたおぞましい事件や熱気を帯びた反戦運動は，おおかたの注目を浴びることなく，はなばなしい「電子戦」の成果ばかりが人々の耳目を占拠していた。

しかしあくまでも戦争に反対する声は，想像以上に根強かった。1月11日付「ニューヨークタイムズ」には，次のような世論調査の結果が出ている。

ニューヨーク市立大学がイラク空爆直前の段階で，人種別や性別に意見をまとめたところ，ヨーロッパ系（白人）では戦争か否かという意見はちょうど半分にわかれていた。決してアメリカ全土が戦争に沸き立っていたのではなかった。さらにアフリカ系のみをとると，戦争反対2に対して賛成は1の割合となって，反戦色が圧倒的に強くなる。所属政党別に見ると，共和党員の大部分は戦争を支持し，民主党員の大部分は戦争に反対だとわかった。男性対女性で見ると，全米の男性は3対2の割合で戦争を支持しており，女性はちょうどその逆で，3対2で戦争に反対であった。

このようなどちらかというと弱者やマイノリティーのあいだで強い反戦の気持を組織的に代表し，声をあげたのは教会と労働組合であった。殊にアフリカ系アメリカ人の教会組織は，強硬に反対した。たとえば，

マーチン・ルーサー・キング牧師がその活動基盤とした南部キリスト教指導者会議（SCLC）の議長ジョーゼフ・ローリー牧師は，空爆が始まった直後に即時停戦を呼びかけたうえ，「私たちはブッシュ政権の裏切りに面食らいショックを受けた」としてニューヨークで緊急の会議を開催した。出席したロバート・オーエンス下院議員（民主党，ニューヨーク選出，アフリカ系）は，次のように発言して満場の喝采を浴びた。

　「アメリカには血に飢えた雰囲気がある。〔暴力的人物が勝利を収める〕映画『ランボー』的発想が戦争を遂行している」

　反戦の論議は新聞でも展開されていた。たとえば「ニューヨークタイムズ」記者のレスリー・ゲルブは，アメリカが急いで戦争に入ろうとしていることを批判し，これほど急いでいる理由は1992年の大統領選挙ではないか，経済制裁では選挙の行われる11月になっても決着がつかないので，再選をねらうブッシュ大統領は功を急いでいるのではないか，と論じている。著名なジャーナリストジェームズ・レストンが「子供のQアンドA」というタイトルで，子供だましのような開戦論を皮肉れば，カーター元大統領はキャンプ・デービッドの精神で紛争の解決にあたるべきだ

として，武器の使用を戒めた論文を発表している。リベラル派の学者かつ政治家として知られたパトリック・モイニハンは，「ミスター・ブッシュよ自戒せよ」と論説で呼びかけていた。

半数が戦争に反対

　最終的に戦争宣言の権限をもつ合衆国議会は，議員たちの熱心な賛同を得て戦争開始を決議したのではない。まことに危ういバランスのなかで決まったのであった。たとえばジョージア州の上院議員サム・ナン（軍事委員会委員長）は，1月11日に戦争反対の大演説を行ったあとで，「自分の言い分は議会のなかで打ち負かされるであろう」と発言している。

　戦争には反対だが国は戦争の方向に向かっていくだろうというナン議員のような考え方は，国民の多くが抱いていた考えであった。1月7日ころに実施されたニューヨークタイムズ/CBS世論調査によると，回答者1348名のうち46パーセントが1月15日以降にアメリカは参戦すべきだとしているが，それを上回る47パーセントが戦争を避けて経済制裁を続けるべきだとしている。戦争反対が1ポイント多いのに，57パーセントが参戦を予測している（1月9日付「ニューヨークタイムズ」）。

　このような一種のあきらめの気分のなかではあった

が，当時の合衆国議会では民主党議員を中心として戦争反対の声が相次いだ。そのごく一部を紹介してみよう。

　遺族となった両親や奥さんや子供の目をのぞき込んで，あなた方の愛する人はアメリカがどうしても果たさねばならなかった仕事のために命を失いました，といま私は言えるだろうか。議長殿，そんなことはとても言えないのです。（サム・ナン上院議員）

　戦争ではなく平和のためにいま，上院が投票することを強く主張いたします。いまは戦争の時ではありません。ペルシャ湾では戦争以外のこともできるのです。大統領は1月15日を「最終日」と決めましたが，それは「大統領の最終日」であってアメリカの民衆が決めたものではありません。（エドワード・ケネディ上院議員）

　アメリカの農村で育ち，農村で生活する私のような者は，次のことを肝に銘じています。ガラガラ蛇は最後まで追い詰めてはならない，と。ガラガラ蛇にも逃げ道を与えておくものです。今回はまさにペルシャ湾でそのことを実行すべきなので

す。(ポール・サイモン上院議員)

　こうした発言にもかかわらず,合衆国議会は大統領に戦争開始の権限を与えることになるが,この決議は,上院では 52 対 47 というわずかな差で採択されている。下院では 250 対 183 で開戦が可決された。
　ところが 1 月 16 日に戦争が始まると,国内では一気に戦争賛成の雰囲気が主流を占めるようになった。反戦の意見はいつの間にかかき消されていたのである。ウィッテンバーグ大学で歴史,政治学を教えるチャールズ・チャットフィールド教授が,「歴史的に言っても,アメリカでは戦争が始まるとその直後には政府に対する強い支持が生まれる」とその著作で述べていることが現実となった(『An American Ordeal』1990)。特にマスメディアの戦争報道は,盛り上がる世論をさらにかき立てる役割を果たしたと思われる。「ニューヨークタイムズ」は従来の立場を変えて戦争支持の姿勢を明確に打ち出したし,CNN 放送がアメリカの国旗をシンボルマークにして,湾岸戦争のニュースを興奮気味に送り続けた様子は,日本でも垣間見ることができた。カリフォルニアの KACL 放送局では,アンカーがそろって胸に黄色いリボンを付けて,戦場の兵士に声援を送った。
　しかし,すでに述べたように,かき消された反戦の

意見は地下水流となって流れ続け，1992年の大統領選挙に際してものを言った。さほど大きな失点もなかったと思われるブッシュ大統領は，再選を果たすことができなかったのである。ブッシュ大統領の後見人的立場にあったレーガン大統領が，大きな人気を保ったまま2期8年間の任期を全うしたのに比べれば，その差はあまりにも大きいと言わざるを得ない。

　湾岸戦争そのものは，2月26日になってクウェート市がアメリカ側の手に入り，イラク軍は爆撃を受けながら撤退するという事態となった。ユーフラテス川のほとりにはアメリカ側の戦車が進出しており，イラク国内では政権に対する反乱も起きていた。

　2月27日になってブッシュ大統領は休戦を命じ，イラク兵に対してはイラクへの逃走が許された。1991年3月3日にイラクは休戦の条件をのんで戦争が終結した。

　ここではブッシュ大統領のみならず，アメリカの運命を変えることになった湾岸戦争の開戦にあたって，大統領がホワイトハウスから国民に向かって話しかけた1月16日夜の「開戦の辞」を検討してみよう。テレビとラジオで同時放送が行われたスピーチは，まことに理路整然としており，攻撃はアメリカによる一方的なものではなく「国際世論」をふまえたものであること，忍耐の限界に達したが故に致し方なくイラクを

攻撃する旨が，何の感情も交えずに語られている。優等生ブッシュの弁舌である。

《Announcing Allied Military Action
in the Persian Gulf (1990)》

❶ Just 2 hours ago, allied air forces began an attack on military targets in Iraq and Kuwait. These attacks continue as I speak. Ground forces are not engaged.

注❶「ちょうど2時間前に……」という声明はいかにも緊迫感にあふれている。世界の出来事と同時進行的にホワイトハウスから声明が出されるということは，情報の早期提供を目的としたものだが，それとは別にいかにも行政当局が世界と「シンクロナイズ」しているという臨場感を与え，無意識のうちに「世界のリーダー，アメリカ」という気概を国民に植えつけるのではないか。この時点では地上部隊は投入されていなかった。

This conflict started August 2nd when the dictator of Iraq invaded a small and helpless neighbor. Kuwait—a member of the Arab League and a member of the United Nations—was crushed; its people, brutalized. Five months ago, Saddam Hussein started this cruel war against Kuwait. Tonight, the battle has been joined.

❷ This military action, taken in accord with United Nations resolutions and with the consent of the United States Congress, follows months of constant and virtually endless diplomatic activity on the part of the United Nations, the United States, and many, many other countries. Arab leaders sought what became known as an Arab solution, only to conclude that Saddam Hussein was unwilling to leave Kuwait. Others traveled to Baghdad in a variety of efforts to restore peace and justice. Our Secretary of State, James Baker, held an historic meeting in Geneva, only to be totally rebuffed. This past weekend, in a last-ditch effort, the Secretary-General of the United Nations went to the Middle East with peace in his heart—his second such mission. And he came back from Baghdad with no progress at all in getting Saddam Hussein to withdraw from Kuwait.

注❷軍事行動は決してアメリカの独断で行ったのではないとする論理がここで展開される。攻撃は国連の決議を経ているし，合衆国議会の同意も得てい

る。しかも長期にわたる和平交渉が決裂したからであるという立場は，第一次世界大戦にアメリカが参戦して以来のものの言い方である。その後の第二次世界大戦も，ベトナム戦争も，そしてブッシュの息子の代になってからのアフガニスタンのタリバンに対する攻撃も，アメリカ一国の戦争ではなく多国籍軍ないしは連合国軍の戦争であるというスタンスが貫かれる。アメリカの戦争参入にあたっての特徴あるものの言い方であろう。この湾岸戦争も例外ではなかった。

Now the 28 countries with forces in the Gulf area have exhausted all reasonable efforts to reach a peaceful resolution—have no choice but to drive Saddam from Kuwait by force. We will not fail.

As I report to you, air attacks are underway against military targets in Iraq. We are determined to knock out Saddam Hussein's nuclear bomb potential. We will also destroy his chemical weapons facilities. Much of Saddam's artillery and tanks will be destroyed. Our operations are designed to best protect the lives of all the coalition forces by targeting Saddam's vast military arsenal. ❸ Initial reports from General Schwarzkopf are that our operations are proceeding according to plan.

注❸ 華々しい戦果をあげている将軍は「シュワルツコフ」であるが、これは明らかにドイツ系の名前である。ほかにも当時の参謀本部議長はアフリカ系の系譜を引くコリン・パウエルであったことなどを考えると、アメリカ軍そのものがすでに「多国籍軍」であることに気がつく。すなわちアメリカという制度そのものが多民族からなる多元国家であるという実体が、軍人の名前からもうかがえる。その「多国籍軍」が本物の多国籍軍の先頭に立つ、というややこしい関係は、アメリカと世界の関係を象徴的に物語っている。

Our objectives are clear: Saddam Hussein's forces will leave Kuwait. The legitimate government of Kuwait will be restored to its rightful place, and Kuwait will once again be free. Iraq will eventually comply with all relevant United Nations resolutions, and then, when peace is restored, it is our hope that Iraq will live as a peaceful and cooperative member of the family of nations, thus enhancing the security and stability of the Gulf.

Some may ask: Why act now? Why not wait? The

answer is clear: The world could wait no longer. Sanctions, though having some effect, showed no signs of accomplishing their objective. Sanctions were tried for well over 5 months, and we and our allies concluded that sanctions alone would not force ❹ Saddam from Kuwait.

注❹このスピーチ全体について言えることだが,サダム・フセインが個人名で名指しになっている。悪事を働いているのはイラクという国ではなくその独裁者なのだ,という論法ゆえの名指しなのか,それとも個人的な「悪役」をつくり上げることによって大統領に対する支持が得られやすくするためのレトリックか,ここでは不明。ブッシュ大統領はその任期中,スピーチなどでずっとフセインを名指しで悪者扱いにしていた。

While the world waited, Saddam Hussein systematically raped, pillaged, and plundered a tiny nation, no threat to his own. He subjected the people of Kuwait to unspeakable atrocities—and among those maimed and murdered, innocent children. While the world waited, Saddam sought to add to the chemical weapons arsenal he now possesses, an infinitely more dangerous weapon of mass destruction—a nuclear weapon. And while the world waited, while the world talked peace and withdrawal, Saddam Hussein dug in and moved massive forces into Kuwait.

❺ While the world waited, while Saddam stalled, more damage was being done to the fragile economies of the Third World, emerging democracies of Eastern Europe, to the entire world, including to our own economy.

注❺ ここで「While the world waited...」と繰り返されるが、これはケネディ以来見てきた英語のレトリックである。「世界は待ちに待ったのにサダム・フセインは……」と繰り返すことによって、「待ち」の側面が強調され、アメリカや多国籍軍の忍耐が限度に達した様子が浮かび上がるようになっている。

The United States, together with the United Nations, exhausted every means at our disposal to bring this crisis to a peaceful end. However, Saddam clearly felt that by stalling and threatening and defying the United Nations, he could weaken the forces arrayed against him.

❻ While the world waited, Saddam Hussein met every overture of peace with open contempt. While the world prayed for peace, Saddam prepared for war.

注❻ ここでも「世界は待ちに待った……」とあるが，内容は一転して「世界が提案した平和への申し出に対するフセインの反応を待ちに待った」わけである。そして「while」に引っかけて，「世界は平和のために祈ったのに……」と続く。「while」は以前の文章で繰り返されており，ここでは山びことなって響いていて，スピーチそのものの一貫性をもたらすと同時に，大きなテーマ（待ったがもう我慢できない）を想起せしめる。

I had hoped that when the United States Congress, in historic debate, took its resolute action, Saddam would realize he could not prevail and would move out of Kuwait in accord with the United Nations resolutions. He did not do that. Instead, he remained intransigent, certain that time was on his side.

Saddam was warned over and over again to comply with the will of the United Nations: Leave Kuwait, or be driven out. Saddam has arrogantly rejected all warnings. Instead, he tried to make this a dispute between Iraq and the United States of

America.

❼ Well, he failed. Tonight, 28 nations—countries from 5 continents, Europe and Asia, Africa, and the Arab League—have forces in the Gulf area standing shoulder to shoulder against Saddam Hussein. These countries had hoped the use of force could be avoided. Regrettably, we now believe that only force will make him leave.

注❼ Well, he failed. ここから先は忍耐の限界に達したアメリカ及びその同盟国側の行動の具体的説明。この文章にはちょっとした工夫がある。サダム・フセインと対峙しているのは28の国家から派遣された軍隊であり、それは5つの大陸から出ているなどと、ことさら数字を持ち出すことによって、今回の攻撃がいかに多くの世界の世論を代表するものであるかが印象づけられるようになっている。

❽ Prior to ordering our forces into battle, I instructed our military commanders to take every necessary step to prevail as quickly as possible, and with the greatest degree of protection possible for American and allied service men and women. I've told the American people before that this will not be another Vietnam, and I repeat this here tonight. Our troops will have the best possible support in the entire world, and they will not be asked to fight with one hand tied behind their back. I'm hopeful that this fighting will not go on for long and that casualties will be held to an absolute minimum.

注❽ 湾岸戦争の大きな特色がここで説明される。すなわち電撃作戦でもって戦闘行為をできるだけ短期間で終結するという方針があった。ここで述べられているように，それは戦闘が泥沼化してもう一つのベトナム（another Vietnam）になることを避けたいという強い意志が当初からあったことを示している。大統領のスピーチには表われないが，報道管制も徹底して行われ，戦況の説明はレーダーの画面をもとにして，まるで電子ゲームのような場面が国防総省から発表されるばかりであり，戦争の血生臭い現場はほとんど見ることがなかった。戦争にはつきものの人間が死ぬところや，破壊される民家などの写真はベトナム戦争ではマスメディアの手で盛んに報道され，結果として国内の反戦感情をあおった。そのためにアメリカの戦争行為にもブレーキがかけられることになったが，湾岸戦争ではそのようなことを繰り返さないということであった。そのような意図が，「われわれの軍隊は世界でも最大級の支援

が与えられ，片一方の手を後ろで縛られたままで戦うことはないでしょう」という表現となって表われている。

This is an historic moment. We have in this past year made great progress in ending the long era of conflict and cold war. We have before us the opportunity to forge for ourselves and for future generations a new world order—a world where the rule of law, not the law of the jungle, governs the conduct of nations. ❾ When we are successful—and we will be—we have a real chance at this new world order, an order in which a credible United Nations can use its peacekeeping role to fulfill the promise and vision of the U.N.'s founders.

注❾ この文と前の文に new world order という表現が出てくるが，それは「ジャングルの法則」ではなしに「法の決まり事 rule of law」によって世界が管理されることだとされる。かつてニクソン大統領は，ケネディのリベラリズムとカウンター・カルチャーの嵐のなかで混乱を極めていたアメリカを引き継いで，これからは「法と秩序 law and order」が支配する世の中を築くのだ，と主張した。法律にしたがって生きるのは何だかきちんとしていて立派

な発想のようだが，政府による社会生活への介入を嫌うアメリカのリベラル分子から総スカンを食らった。ブッシュ大統領のこの言葉は，かつてのニクソンのモットーを思い出させる。その前の文章に出てくる「永年にわたる対決と冷戦の時代の終結云々」は，旧ソビエト連邦の崩壊を指す。

❿ We have no argument with the people of Iraq. Indeed, for the innocents caught in this conflict, I pray for their safety. Our goal is not the conquest of Iraq. It is the liberation of Kuwait. It is my hope that somehow the Iraqi people can, even now, convince their dictator that he must lay down his arms, leave Kuwait, and let Iraq itself rejoin the family of peace-loving nations.

注❿悪いのはイラクの民衆ではなく，むしろ彼らは犠牲者なのだ……という論法はアメリカが戦争に参加するときの常套句である。独裁者や国家が国民を戦争に導いたのであり，一般民衆は犠牲者にすぎないとする言い方は，ウッドロー・ウィルソン大統領が，「戦争を終わらせるための戦争 war to end a war」と言って第一次世界大戦に参加したときのレトリックであった。第二次世界大戦も世界の民衆の自由と民主主義を守るための戦いであったし，たと

えば大戦中に沖縄に上陸した米軍は，沖縄の民衆を「日本国政府から解放する」役割を担っているとされた。

Thomas Paine wrote many years ago: "These are the times that try men's souls." Those well-known words are so very true today. But even as planes of the multinational forces attack Iraq, I prefer to think of peace, not war. I am convinced not only that we will prevail but that out of the horror of combat will come the recognition that no nation can stand against a world united, no nation will be permitted to brutally assault its neighbor.

....

Tonight, as our forces fight, they and their families are in our prayers. May God bless each and every one of them, and the coalition forces at our side in the Gulf.

《ペルシャ湾における同盟軍の軍事行動の発表 (1990)》

ちょうど2時間前に,イラクとクウェートの軍事目標に対する攻撃を同盟軍空軍が開始しました。私が話しているいま現在もこの攻撃は続いています。地上軍は参加していません。

この紛争は,イラクの独裁者が小さくて無力な隣国に侵攻した8月2日に始まりました。アラブ連盟のメンバーであり,国際連合の加盟国であるクウェートは粉砕され,その国民は残虐行為にさらされました。5ヵ月前にサダム・フセインがクウェートに対するこの残虐な戦争を始めたのです。今夜その戦いに加勢が行われるのです。

この軍事行動は,国連の決議に沿って行われるものであり,合衆国議会の同意を得たものですが,国連や合衆国その他の実に多くの国々による文字通り絶え間のない外交折衝が何ヵ月にもわたって継続して行われ,そのあとに行われたものです。アラブ世界の指導者たちは,アラブの解決案として知られるようになった解決案をまとめようとしましたが,サダム・フセインはクウェートから撤退する意思がないことを確認するにとどまりました。また平和と正義を回復するため

のさまざまな試みを実施すべく、バグダッドに赴いた者たちもいました。合衆国のジェームズ・ベーカー国務長官は歴史的な会合をジュネーブで開催しましたが、全面的な拒否に直面しました。先週末には最後の努力として、国連の事務総長が和平案をたずさえて中近東に赴きました。これは2度目の努力でしたが、サダム・フセインがクウェートから撤退する見込みがないままバグダッドから戻りました。

ペルシャ湾岸地域に軍事力を派遣している28ヵ国にとって、平和的な解決に到達するためのまっとうな道はすべて閉ざされてしまいました。もはや力によってサダム・フセインをクウェートから追い出す以外に道はありません。これは実行されなければなりません。

この発表が行われているいまも、イラクの軍事目標に対する空爆が行われています。私たちはサダム・フセインの核兵器能力を破壊する決意をしました。また私たちはフセインの化学兵器施設を破壊します。フセインの武器、兵器の多くも破壊されます。私たちの軍事攻撃はフセインの数多くの軍事施設に対してなされるのであり、同盟軍の損害を最小にとどめる工夫がなされています。シュワルツコフ元帥からの早々の報告によれば、作戦は計画通り進行しています。

われわれの目的は明らかです。サダム・フセインの軍事力をクウェートから去らしめることです。クウェートの正当な政権がその地位を取り戻し,ふたたびクウェートは自由となるでしょう。時が経つとともにイラクは関連した国連決議に従うことになるでしょうし,そのときに平和も回復され,イラクも平和で協力的な世界家族の一員として生きることになるのです。こうしてペルシャ湾地域にはより大きな安全と安定が実現するのです。

なかには「なぜいま攻撃するのか」「なぜ待てないのか」と聞く人もいるでしょう。答えははっきりしています。世界はこれ以上待てないのです。経済制裁は多少の効果は発揮しましたが,その目的を達成しているようには思えません。5ヵ月以上にわたって経済制裁が行われましたが,合衆国とその同盟国は経済制裁のみではフセインをクウェートから追い出すことはできないという結論に達しました。

世界が期待して待っている間に,サダム・フセインは自分の脅威にもならない小さな国を組織的に強姦し,略奪を繰り返しました。フセインはクウェートの人々を言語に絶する苦しみにさらしました。罪のない子供たちが傷つけられ殺害されました。

世界が期待して待っている間に,フセインは現在保

有している化学兵器に加えて，さらにはるかに危険な大量殺戮のための兵器，核兵器を入手しようとしました。世界が期待して待っている間に，世界が平和と軍備撤退について語っている間に，サダム・フセインは隠密裏にクウェートに侵攻しました。

　世界が期待して待っている間に，フセインは居座り，第三世界の脆弱な経済がさらに傷つき，東ヨーロッパに芽生えつつある民主主義体制が傷つき，アメリカの経済体制を含めて全世界が迷惑をこうむったのです。

　合衆国と国際連合にとって，この危機的な状況を平和裏に解決するための手段は尽き果ててしまいました。それにもかかわらず，サダム・フセインは居座りを続けて脅しをかけ，国連の決議を無視することによって，対抗するものたちの勢力を弱めることができると考えたのです。

　世界が期待して待っている間に，サダム・フセインは平和へのあらゆる働きかけを侮辱し続けたのです。世界が平和のために祈っている間に，フセインは戦争の準備を整えたのです。

　合衆国議会が歴史的な討議を行って強い行動に出たとき，フセインが自らの行いを改めて，国連決議に基づいたクウェート撤退を行うことを期待しました。し

かしそれは実現されなかったのです。フセインは呼びかけに応じず，時間を稼いでいたのです。

クウェートから出るべし，さもなければ撤退を余儀なくされる，という国連の意思に従うようフセインには繰り返し警告が発せられました。それにもかかわらず，フセインはこの問題をイラクとアメリカ合衆国の論争に仕立て上げようとしたのです。

しかしそれは無駄な努力でした。今晩ヨーロッパ，アジア，アフリカ，アラブ連盟を含む5つの大陸にある28の国家が，肩を並べて湾岸地域に軍隊を派遣し，サダム・フセインと対峙しています。これらの諸国は軍事力の使用がないことを希望しておりました。残念ながら，いまやわれわれは，フセインを撤退せしめるのは軍事力のみであると考えるに至りました。

我々の軍事力が攻撃に移る前に，私はアメリカの司令官たちに対して指示を与え，できるだけ迅速に行動し，アメリカと同盟国の軍人たちに最大級の保護が与えられるようにしました。私はすでにアメリカ国民に対してこれはもうひとつのベトナムではないと言いましたが，それをここで今晩もう一度繰り返します。我々の軍隊は世界でも最大級の支援が与えられ，片一方の手を後ろで縛られたままで戦うことはないでしょう。今回の戦いが長く続くことなく，死傷者の数もご

く少ないことを希望しています。

いまは歴史的な転換点です。昨年中に長年にわたる対立と冷戦の時代を終結させるという大きな進展が見られました。今日われわれの前に自分たちとその子供たちのために新しい世界の秩序を作り上げるという機会が横たわっています。新しい世界ではジャングルの法則ではなく、法のもとの決まり事が国々の行動を治めます。もし成功するならば、というより成功は間違いないのですが、新しい世界秩序のもとで信任の厚い国連がその創設以来の希望とビジョンを実現するために、平和維持のための役割を演じるという機会があるのです。

私たちはイラクの民衆に文句があるのではありません。むしろ今回の紛争に巻き込まれた罪のない人々に対しては、その安全を祈るものです。私たちの目標はイラクの制覇にあるのではありません。目的はクウェートの解放にあります。むしろ私はイラクの民衆が何らかの方法によって独裁者を説得し、武器を手放してクウェートから撤退し、平和を愛好する諸国の家族に再びイラクが参加するよう、いまからでも働きかけるように希望します。

遠い昔にトマス・ペイン（1737－1809、イギリスの政治評論家）が次のように書きました。「人間の魂を

試すようなときというものがある」。今日ほどこの有名な言葉が真実味をもっているときはありません。しかし多国籍軍の飛行機がイラクを攻撃しているときも，私は戦争ではなく平和を考えることを選びたいのです。私たちは目的を遂行するでしょうが，戦闘行為という悲劇を通じて，団結した世界に対峙する国家というものはあり得ないこと，隣国を野蛮な力で攻撃する国家は許されない，という認識が生まれることを確信しています。

〔中略〕

　今晩私たちの軍隊は戦っていますが，軍人たちとその家族は私たちの祈りのなかにあります。神が一人一人のうえに祝福をたれ給いますように。アメリカの側にあってペルシャ湾に派遣されている同盟軍のうえに祝福がありますように。

8 クリントン —— 21世紀への橋渡し

1998年1月，一般教書演説を前に拍手に応えるクリントン

僕は大統領になるんだ

アメリカに生まれた男の子がほとんど例外なく夢に描く職業というのがある。それが大統領職であるが、2期目をねらったブッシュを破って登場したウィリアム・クリントン大統領（William Jefferson Clinton, 在職 1993—2001）も例外ではなかった。クリントンは必ずしも恵まれた状況で育ったわけではなく、父親（William Jefferson Blythe III）は本人の生まれる数ヵ月前に死亡してしまったし、小学校から中学、高校にかけては南部アーカンソー州リトルロックのごく普通の公立学校に通った。南部地方は何かと「遅れた」というイメージが付きまとうが、クリントンの少年時代（1950年代から60年代にかけて）は、アーカンソー州などはアフリカ系の公立学校入学をめぐって紛争が絶えなかったところである。父親が東部で合衆国議会の議員をしていたブッシュとは大きな違いである。それでも小さいころからの口癖が、「僕は大統領になるんだ」であったという。

幼少のころの夢を実現する人物というのは、アメリカといえどもそう多いわけではない。その意味でクリントンは、地方の目立たない人間から大統領へという象徴的な「出世街道」を歩いた存在であり、あまりにも「アメリカ的」な夢の具現者である。それゆえにかえって例外的なアメリカ人である。それはどの大統領

でも言えることだろうが、日常のなかから非日常をつかみ取り、それが大きな意味でのアメリカの日常の夢なのだという大統領職のもつパラドキシカルな意義について、クリントンほど明確に理解していた大統領も少ないように思われる。大統領職の遂行にあたって、クリントンはこうした大統領のシンボリズムを大いに意識した行動をとった。

　普通であったならば1月20日の就任式典から新しい大統領が生まれるのであり、それまでは大統領になる人物は支持者に囲まれて自宅やワシントンですごす。しかしクリントンは違っていた。就任式の始まる5日前に「アメリカの聖地」に出かけており、そこからバスの列を連ねてワシントン入りする、という演出を行ったのである。しかもテレビカメラがその行動を中継で全国に流していた。アメリカの聖地とは、バージニア州ブルーリッジ山脈のふもとにある第3代大統領トマス・ジェファソンの自宅であった。すでに見たように、ジェファソンはアメリカ独立宣言の起草者であり、

> that all men are created equal, that they are endowed by their creator with certain inalienable rights, among these are life, liberty and the pursuit of happiness...

と，いまだにアメリカに呼びかけて，民衆に希望と勇気を与え続けている存在である。その聖なる人物の館から，新大統領がワシントンに向けて出発した。

　偶然の一致ではないと思われるが，クリントンのミドルネームは Jefferson といって，3代目の大統領と同じである。さらにクリントンが一生見ることのなかった父親も，ファーストネームとミドルネームを William Jefferson といい，クリントン大統領がそのまま受け継いだ。したがってジェファソンがジェファソンに挨拶に行って，そこから新たな旅立ちがあった。これは男の子が父親にいだく複雑なコンプレックスの産物だったのだろうか。あるいは原点に返って先祖の夢や理想を引き継いでいく，という決意を表明したものだったのだろうか。

　クリントン大統領にまつわるシンボリズムは，ほかにも枚挙にいとまがない。大統領就任前夜の祝祭にはマイケル・ジャクソンをはじめとして多くのロックシンガーやヒップホップシンガーが招待されており，伝統的美意識のみにこだわらない新しい感性の大統領が生まれたことが印象づけられた。昔からアフリカ系専用として知られた教会での祈りに就任の行事の一環として参加して，人種の壁を乗り越えた文化多元主義の大統領が浮かび上がった。大統領就任式の招待状もおろそかにされることがなかった。その片隅には，「こ

れは再生紙を使用しています」ということわり書きと、「これは印刷工労働組合のメンバーが印刷したものです」という但し書きが印刷されていて、環境にやさしく、労働者の味方をする大統領の顔が見え隠れしていた。

　クリントン大統領の象徴性は、就任式にだけ見られたのではなかった。その半生があまりにもアメリカ的であると同時に、大統領としての歩みそのものも象徴的な事件に満ちていて、なにやら黙示録的な様相さえ帯びている。モニカ・ルインスキー事件という、ホワイトハウス内で起こった異様なセックススキャンダルも何事かを物語っているが、それに続いて合衆国議会下院でインピーチメント（大統領弾劾）決議がなされたことも、歴史的に珍しい事件であった。しかしさらに驚くべきことには、スキャンダルや議会の決議にもかかわらず、国民的人気はかえって高まりを見せ、大統領として2期8年を務め上げてしまったということである。再選をはたして2期務めたのは、民主党の大統領としてはフランクリン・ローズベルト以来である。さらにクリントンは、アメリカの世紀と言われた20世紀最後の大統領でもあった。

変革の旗振り役

　このような大統領はいかなる思想の持ち主だったの

だろうか。クリントンの精神的なゴッドファーザーと思われるトマス・ジェファソンは，Whenever any form of government becomes destructive of these ends, it is the right of the people to alter or abolish it, and to institute new government...と独立宣言に書き残した。その言葉が頭のなかにあったのであろう。クリントンは2001年の年頭教書（年の初めに合衆国議会の上院と下院のメンバーを前にして大統領が国家の状況について報告する）で，次のように述べている。

　　After 224 years, the American revolution continues. We remain a new nation. And as long as our dreams outweigh our memories, America will be forever young. That is our destiny.
　　（〔独立革命以来〕224年経ちましたが，アメリカの革命は継続しています。アメリカは新しい国家のままなのです。私たちの夢が過去の記憶にまさっている限り，アメリカは永遠に若い国なのです。それが私たちの定められた道なのです）

ここではあえてアメリカの「革命＝revolution」という言葉が使われて，変革の必要性が説かれている。そして夢や希望がある限り，新たな出発が可能なのだ

という。新しいとか若いということは過去の否定でもある。かつてのジェファソンも次のように述べて,新しいシステムの導入を歓迎する気持を披露している。

> I am not an advocate for frequent changes in laws and constitutions, but laws and institutions must go hand in hand with the progress of the human mind. As that becomes more developed, more enlightened, as new discoveries are made, new truths discovered and manners and opinions change, with the change of circumstances, institutions must advance also to keep pace with the times.
>
> (法律や憲法が頻繁に変わればよいと思っているわけではないが,法律や社会のしくみというものは人間の心が進歩するにつれて変わらねばならない。精神がより広くなり,より物事を知るようになり,新しい発見がなされ,新しい真理が見つかって人間の行動や考えることに変化が生まれ,環境が変わっていくならば,社会のしくみも時代とともに進歩発展していかねばならない)

これは伝統ばかりを大切にしたり,現状維持をよしとする精神ではなく,物事が変わるのは当然とする発

言である。国家のリーダーがここまで発言するときに，現状に安住しがちな民衆も動かざるを得なくなるはずだが，実はクリントン大統領も似たようなことを言っている。大統領になってまもなく，I did not run for this job just to warm the seat. I desperately want to make a difference.（この仕事に就くためにがんばったのは，大統領の座席を温めておくためではない。私は絶対に変革を実現したい）と述べた。アメリカ社会はジェファソンの昔から特に変容を必要とする劣悪な社会だったというのではなく，物事が移り変わる，社会のしくみも変わる，より好ましい方向に改変する，ということを「あたりまえ」とする発想があるということであろう。

　改革や変化を恐れることなく，むしろ変化こそが必要なのだとする考えは，クリントンのもう一人の精神的教師であったジョン・F・ケネディの考え方でもあった。語り伝えられるところによれば，高校生だったクリントンがホワイトハウスに出向く機会があって，そこでケネディと握手したときに極めて強い印象を受け，大統領になる決心がなおさら固まったという。そのケネディは，And so, my fellow Americans: ask not what your country can do for you—ask what you can do for your country. と述べて，座して与えられるものを待つのではなしに，新たな行動に打って

出るように国民を駆り立てた。そのケネディの模範となったフランクリン・D・ローズベルトは, the only thing we have to fear is fear itself という名言を吐いて, 不況のもとで自己呪縛に陥っている国民の解放を試みた。

クリントンは, Each generation of Americans must define what it means to be an American. (何をもってアメリカ人とするかという定義は, それぞれの世代が決めていかねばならないことだ) と発言して話題となった。これもまた変化を容認する考え方である。アメリカ人とは何者であるかという疑問への解答は, 昔からの伝統に基づいたものでもなければ, 固定的なものでもない。時代の変遷とともに変容していくものなのだ, とする大胆な発想である。

ワシントンのホワイトハウスの裏手にあたる部分に, タイダルベイスンと称する湖がある。その周りには日本から寄贈されたという桜の大木が生い茂り, 春先には見事な花を咲かせる観光名所となっている。その池のほとりにある白亜の殿堂がジェファソン記念堂であり, なかにはジェファソンの巨大な大理石像が立ってホワイトハウスのほうを眺めている。周りの大理石の壁には本書に紹介した言葉を含めて数々の名言が刻み込まれており, 人々の記憶を常に新たなものにしている。その場所からさらに歩みを進めてリンカン

記念碑の方向に向かうと、同じ湖に沿ってまだ新しいフランクリン・ローズベルト記念碑がある。流れ落ちる低めの滝と黒い御影石の壁が延々と続く壮大な記念碑であり、やはりローズベルトの名言が刻み込まれている。ローズベルトを記念するものは、10セントコインの肖像を除いて、長い間ワシントンには存在しなかった。この記念碑はクリントン政権が発案して建設したものだ、という銘文があるからその由来を私たちは知ることができる。そしておそらくは根強かったローズベルトアレルギーを押し切って、記念碑を建てたクリントン大統領の思いを想像することができる。

ポピュリストのクリントン

ところで記念碑のなかに立っているジェファソンの彫像のズボンには折り目がない。言わばアイロンの当たっていない気軽ないでたちなのであるが、それはジェファソンが大事にしたアメリカの民衆を表現しているという。アメリカの庶民は勤労に忙しく、服装などにかまっているわけにはいかなかった。しかし彼ら／彼女らこそが本当のアメリカの主人公であった。民衆を危険視した政治家と対立し、「I am not afraid of the people.（私は民衆を恐れていない）」と述べたジェファソンの面目躍如といった彫像なのであるが、庶民の味方としての大統領というイメージは、その後

多くの大統領に引き継がれた。おかげでワシントンにあるリンカンの彫像もズボンにアイロンが当たっていないし、カーター大統領は就任式の車列から外れて沿道を歩いて見せたりした。レーガン大統領の庶民ぶりについても本書で検討した。

クリントンは民主党出身であり、共和党員であったレーガンとは政党が異なるが、それでも同じ庶民派に属する大統領である。そもそも生まれや育ちも庶民的であり、家庭の宗教も南部の庶民が属する洗礼派（Baptist）である。ブッシュ大統領はアメリカのエリートが属しがちな長老派（Episcopalian）であった。クリントンはジョージタウン大学を出てからオックスフォード大学で学ぶなどして、知性的にはエリートの道を歩んだが、その庶民的な体質は変わることがなかった。民主党の政治家として、政策も民衆寄りであったことは言うまでもない。これは共和党が多数を占めた合衆国議会の反対で失敗に終わったが、国民健康保険制度に相当するものを創設しようとした発想などは、ニューディールやケネディ、ジョンソンの社会政策を思い出させる。

何よりもふるまいや言葉が庶民的であった。長い間アーカンソー州の知事を務めたが、小型トラックを乗り回していた事実が指摘されたとき、大統領は次のように答えている。It was a real sort of southern deal.

I had Astro Turf in the back. You don't want to know why, but I did. (本ものの南部のやり方さ。うしろの荷台には人工芝が敷き詰めてあった。いちいちその使い方を説明することはないと思うが、私は使い方を知っていたさ)。俗にヒック (hick＝田舎者) と言われる南部の男性にとっては、何でも (ガールフレンドや、ライフル銃や、射止めた鹿や、カボチャなど) 乗せることのできる荷台をそなえた丈夫な小型トラックこそ、自由を謳歌する男性らしさの象徴なのであった。

　アメリカの田舎者のもう一つの特色は正直さを強調することである。ジョージ・ワシントン大統領が子供のころ父親が大事にしていた桜の木を切ってしまい、それを正直に告白した……というのはアメリカでも繰り返し語られている「神話」であるが、民衆の価値観は honesty を至上のものとする。ホワイトハウスの研修生であったモニカ・ルインスキーと不倫騒動を起こし、それが全国的な大問題に発展したときのことである。クリントンは最初はあれやこれや言って言い逃れを試みたが、逃げられないことがわかると一転して自分の行動を認め、今度は「I have sinned. (私は罪を犯した)」と言って謝った。

　合衆国議会では大統領を許すどころか、この事件をきっかけに弾劾裁判を実施しようというところまで、

勢いがついていたときのことである。1998年9月11日に約100名の宗教上の指導者がホワイトハウスに集まって朝食会が開かれた。その席上でクリントンは以下のように話を始めたのである。原稿はクリントン自身による手書きであり，なかにはI have sinned. という表現が繰り返し出てくる。

　I may not be quite as easy with my words today as I have been in years past, and I was up rather late last night thinking about and praying about what I ought to say today. And rather unusual for me, I actually tried to write it down. So if you will forgive me, I will do my best to say what it is I want to say to you—and I may have to take my glasses out to read my own writing.

　First, I want to say to all of you that, as you might imagine, I have been on quite a journey these last few weeks to get to the end of this, to the rock bottom truth of where I am and where we all are.

　I agree with those who have said that in my first statement after I testified I was not contrite enough. I don't think there is a fancy way to say that I have sinned.

（過去何年間かにわたってやってきたように滑らかにお話しすることはできないかもしれませんし，昨夜は遅くまで起きていて，今日何をしゃべったらよいか考えたり祈ったりしておりました。いつものやり方とは違って，お話しする内容も自分で書き付けました。お許しをいただいて，できるだけ言うべきことを申し上げてみたいと思います。自分の手書きを読むのに，めがねも取り出さねばなりません。

皆さんがお察しの通り，自分の立場がどういうところにあるのか，アメリカがどういうところに立たされているのかというぎりぎりの事実に直面し，数週間続いている混乱を終結させるために，とても苦しい時間を経てきたことを，まず最初に申し上げておきます。

私が証言したあとの最初の声明があまりにも漠然としていたという批判がありますが，その通りだと思います。私が罪を犯したのだ，という表現に替わるきれいな表現などはあり得ません）

It is important to me that everybody who has been hurt know that the sorrow I feel is genuine: first and most important, my family; also my friends, my staff, my Cabinet, Monica Lewinsky and her family, and the American people. I have asked all for their forgiveness.

（この事件で傷ついたすべての人々にぜひとも知ってほしいのは，私のすまないという気持は本物だということです。まずはともあれ私の家族に対して，そして友人たち，スタッフの皆さん，閣僚，モニカ・ルインスキーとその御家族に対して，そしてアメリカの皆さんに対して申し訳ないと思います。皆さんに対して許しを請いたいと思います）

「I have sinned」と名づけられたこのスピーチのなかには，家族に対する謝罪や，アメリカ国民に対するお詫びの言葉が入っているが，当の相手であるルインスキーに対する謝罪もある。そして合い間には聴衆からの拍手さえ入っている。大統領としての威厳も失って，夜も眠られず，老眼鏡を取り出して謝罪の原稿を読む大統領の姿に，おもわず拍手が沸いたのであろう。また I have sinned. という表現はあまりにも直接的であり，聞くものの耳を刺激した。「sin」とは，単なる「間違い」や「遺憾な行為」といった意味ではなく，聖書のなかの「原罪」を思い起こさせるような，どろどろとしてどす黒い人間の背負った「業」のよう

なものを指す言葉だからである。こうした率直さゆえに，全国では「彼を許そう」という気分が広がった。

ラッキー・ボーイ

クリントン大統領はまことに運のよい大統領であった。政権はいくつかの危機に見舞われたが，そのたびに危機回避に成功し，結果として大統領の立場がより強くなるということを繰り返した。たとえば政府が抱えていた財政赤字。ブッシュ政権から引き継いだ赤字はアメリカの歴史上最大の金額になっていたが，任期中に黒字に転換させることに成功した。あるいは経済政策。経済刺激のための財政出動があったこともあって，アメリカの経済は1960年代初頭以来の好調に転じた。ボスニアとコソボでは「民族の浄化」と称して大量殺戮が行われていたが，アメリカ軍を投入することによって平和が曲がりなりにも達成された。

そして何よりもクリントンの国内政治のうえでの幸運ぶりが目立つ。久しぶりのことであったが合衆国議会は共和党が多数を占めており，大統領との対決姿勢をあらわにしていた。政府による健康保険制度が否定されたのも，そういう対立の構造のなかでの出来事であった。さらに政府の予算案をめぐって決定的な意見の食い違いが表面化した。96年の大統領選挙を控えてのことであったが，共和党の右派が中心になって作

成した国家の予算案はクリントン政権の方針とは食い違っていた。そのため大統領は法案に署名することを拒否し、結果として連邦政府の予算が不成立となった。おかげで資金のなくなった政府が「閉鎖される」という前代未聞の事態が生じた。役所はすべて閉ざされて職員は自宅待機となり、ワシントンの市内は森閑となった。それだけならまだしも、ワシントンの美術館や博物館もすべて門を閉じてしまったため、各地から訪れた大勢の観光客は文字通り路頭に迷い、混乱に拍車をかけた。しかしながら、この事件は大統領の指導力不足として取り上げられることはなく、議会によるクリントンいじめと大方の目に映ったため、議会に対する圧力が高まった。その結果ついに議会のほうが妥協してしまうのである。そうなるとますます議会が悪者に見える。こうしたこともあって96年の大統領選挙では、圧倒的な支持を得てクリントンは再選されることになる。

ルインスキー事件も、クリントンのスキャンダルをねらっていた共和党が飛びついた絶好の話題であった。合衆国議会ではクリントンの証言をめぐって紛糾し、下院はついにクリントン弾劾決議を採択した。このままでは上院でクリントン有罪判決が下され、これもまた前代未聞の出来事、すなわち大統領の罷免が現実のものとなるところであった。しかしすでに述べた

ように,国内では許しの雰囲気が広がっているなかで,上院は無罪判決を下した。98年11月に下院のすべてと上院の3分の1が入れ替えとなる中間選挙が行われたが,クリントンを許していた選挙民は「民主党」に投票するものが多く,議会で多数を誇った共和党は議席を減らしてしまったのである。中間選挙は現職の大統領の人気を占うバロメーターだと考えられている。クリントンは例のない高い人気を保持したままで,まさにラッキー・ボーイの面目躍如といったところであった。

小さな危機であったが,オックスフォード大学時代にマリファナを吸っていたことが暴露された。記者会見で問い詰められ,感想を聞かれた大統領はこう言って白状した。

When I was in England I experimented with marijuana a time or two, and I didn't like it, and I didn't inhale, and I never tried it again.
(イギリスにいたときに1回か2回マリファナの実験をやった。そのときマリファナは嫌いだと思ったし,深く吸い込みもしなかった。その後マリファナをやったことは決してない)

このようなあまりにも正直な告白を聞いたアメリカ

もっていた歴史感覚

クリントン大統領はアルバート・ゴア副大統領とともに，a new generation in American politics（アメリカ政界の新世代）などと言われたが，政治の世界で運のよい悪童ぶりを発揮していただけではない。新しい世代としての歴史観とでも言える思想を有していた。1992年の大統領選挙に際してのテーマは，「政府の再発明 reinventing government」と言ったが，それは単なるお題目ではなく，変革する世界のなかで，連邦政府のはたす役割も変わるべきだという主張が込められていた。具体的にそれは何を意味したのだろうか。任期の終わりころに雑誌「エスクワイア」のインタビューに応じて，自分の思想を次のように説明している。

You know, when I became President and people were saying, well, the government is not so important anymore because the private sector is really driving the global economy, and, therefore, government will become increasingly less relevant, what I thought was that the government, to matter to people, had to be different than it was in the industrial era. That it was less important, in terms of directly creating jobs, hiring people, making sort of command-and-control decisions for the economy, but that it was even more important for the government to be—to create the conditions in which Americans can flourish in the global economy and give people the tools to make the most of their own lives.

（私が大統領になったころのことですが，人々は次のように言っていました。民間部門が実質的に世界的な規模での経済活動をするようになっているので，もはや政府などはあまり重要ではなくなった。だから政府はますますその意義を失っていくだろう，と。私が考えたのは，皆さんに相手にしてもらうためには，政府は産業化時代と異なったものでなくてはならないということでした。直接雇用先をつくるとか，雇用を行うとか，経済のための指揮命令を行うなどといったことではなしに，アメリカ人がグローバル経済のなかで繁栄できるような条件をつくり上げること，人々が自らの手で人生を精一杯生きるための道具を提供すること，そういうところに政府のもっと大事な役割があるのです）

経済活動が国家の枠組みを越えることが多くなり，いわゆるボーダーレスな世界が出現したとき，連邦政府は旧態依然とした政府のままでとどまることはできない。かつてのニューディール時代やケネディ，ジョンソンの時代のように，政府が先頭を切って政策を実施していく時代は過去のものとなった。政府が国民に対して命令などを下す時代も終わった。これからは，アメリカのビジネスや民衆の幸せのために，政府はその下支えをするサービス機関とならねばならない，といった旨の発想がここで展開されている。

これはひとつの理念であり，現代の理想的な政府の形態であろう。理念のない改革や，場当たり的な政策実施，妥協の産物などがアメリカに皆無ではなかろうが，国のトップに立つ人物が，こうしたビジョンを有していることの意味は大きい。そしてアメリカの民衆は，こうした言葉を紡ぎ出すことのできる大統領であるなら，多少のスキャンダルは許しておく，という選択を行った。

考えてみればアイロニーに満ちている。クリントン大統領は，ケネディやフランクリン・ローズベルトの理想にあこがれて，大統領にまで上りつめた。しかし自分が大統領となったときには，もはやケネディの「ニューフロンティア」やローズベルトの「ニューディール」的な政治手法の通用しない世界となってい

た。世界はあれやこれやと生活に介入するビッグ・ガバメントを必要とはせず、政府は単なる道具であることが要請される時代となっていた。ケネディ以降は英雄的な大統領不在の時代が続いていたが、不在というよりも英雄不要の時代が到来していたということであろう。そのことを一番よく知っていたのが、クリントン大統領だった。それでも理想を掲げ続けていた。現実の世界よりも理想の世界を志向するのが、大統領の任務であることも心得ていたからである。

　このあとに掲げるのはクリントン大統領2期目の就任演説である。1期目の最初の就任演説のような意気込みはないが、かえって落ち着いた雰囲気のなかで、たっぷりと自分の理念について語っている。その歴史的感覚、変革の思想、文化多元主義の肯定、21世紀への懸け橋であるという自覚などにあふれた「クリントン・ワールド」である。やや文章が長いのは読みづらいが、それは大統領の複雑な知性のはたらきゆえだということで見逃すことにしたい。むしろ平易な文章を積み重ねており、わかりやすい「民衆の」英語である。また発想のなかに、ジェファソンやケネディの影が色濃く漂っているところに注目していただきたい。

8 クリントン——21世紀への橋渡し

《Second Inaugural Address of
William J. Clinton (1997)》

My fellow citizens:

❶ At this last presidential inauguration of the 20th century, let us lift our eyes toward the challenges that await us in the next century. It is our great good fortune that time and chance have put us not only at the edge of a new century, in a new millennium, but on the edge of a bright new prospect in human affairs, a moment that will define our course, and our character, for decades to come. We must keep our old democracy forever young. Guided by the ancient vision of a promised land, let us set our sights upon a land of new promise.

注❶この就任演説が20世紀最後の大統領就任演説であるという歴史感覚。大きな歴史の節目に立たされているという感覚は、一国のリーダーシップにとっては必要な感覚であろう。またこのパラグラフのなかには，eyes, bright, vision, sights などという視野に関する単語が頻出する。I see. などと言

うように,「見る」とか視野に入れるという視覚系の言葉は, understandなどとは違って, もっと根元的に体全体で理解する意味合いを有する。ここでは大統領に導かれて, 民衆が21世紀に向けた「約束の地」を予見する。

❷ The promise of America was born in the 18th century out of the bold conviction that we are all created equal. It was extended and preserved in the 19th century, when our nation spread across the continent, saved the union, and abolished the awful scourge of slavery. Then, in turmoil and triumph, that promise exploded onto the world stage to make this the American Century.

注❷前パラグラフから出ている promise はバイブルの言葉。We are created equal. は独立宣言の言葉。when our nation spread across the continent は西部開拓が行われて「アメリカ」が西海岸にまで達したことを言うし, 次の saved the union は南北戦争を経て分裂した国家が再統一された史実を指す。最後の that promise exploded onto the world stage はアメリカ的な制度や夢が世界に拡大するという, 20世紀の特色が指摘される。20世紀はアメリカの世紀だったという言い方をふまえ, 国の始ま

りから今日に至るまでを、しごく簡潔にワンパラグラフで表現した。これも歴史感覚というものであろう。

And what a century it has been. America became the world's mightiest industrial power; saved the world from tyranny in two world wars and a long cold war; and time and again, reached out across the globe to millions who, like us, longed for the blessings of liberty.

Along the way, ❸Americans produced a great middle class and security in old age; built unrivaled centers of learning and opened public schools to all; split the atom and explored the heavens; invented the computer and the microchip; and deepened the wellspring of justice by making a revolution in civil rights for African Americans and all minorities, and extending the circle of citizenship, opportunity and dignity to women.

注❸アメリカが20世紀に成し遂げたこと。それは多数の中産階級を生み出したこと、老齢者の福祉などなど、がここで列挙される。下のパラグラフも同様。ここにあげられた多くのことがらは近代化して豊かになった他の国々でもある程度当てはまる。こ

れはグローバライゼーションの恩恵か,それともアメリカナイゼーションの賜物(たまもの)か,あるいはたまたま同じ方向で豊かになっているだけに過ぎないのか。考えさせられるところである。

Now, for the third time, a new century is upon us, and another time to choose. We began the 19th century with a choice, to spread our nation from coast to coast. We began the 20th century with a choice, to harness the Industrial Revolution to our values of free enterprise, conservation, and human decency. Those choices made all the difference.

❹ At the dawn of the 21st century a free people must now choose to shape the forces of the Information Age and the global society, to unleash the limitless potential of all our people, and, yes, to form a more perfect union.

注❹ 21世紀に注目すべきことがらとしては,情報化社会の行方(ゆくえ),グローバル化社会,人間のもつ可能性の解放,そして人類の結びつきの強化とある。最後の結びつき云々は合衆国憲法の前文にある文言であり,それをあえて引用したがゆえに「and, yes」とはさんだ。いにしえの言葉はいまだに真実を含んでいることが示唆される。

When last we gathered, our march to this new future seemed less certain than it does today. We vowed then to set a clear course to renew our nation.

In these four years, we have been touched by tragedy, exhilarated by challenge, strengthened by achievement. America stands alone as the world's indispensable nation. ❺ Once again, our economy is the strongest on Earth. Once again, we are building stronger families, thriving communities, better educational opportunities, a cleaner environment. Problems that once seemed destined to deepen now bend to our efforts: our streets are safer and record numbers of our fellow citizens have moved from welfare to work.

注❺ クリントン政権下で経済が1960年代以来の好況であったのは事実。また経済の繁栄にともなって貧困問題もやわらいだし,犯罪も減少の傾向をたどった。

And once again, ❻ we have resolved for our time a great debate over the role of government. Today we can declare: Government is not the problem, and government is not the solution. We,—the American people, we are the solution. Our founders understood that well and gave us a democracy strong enough to endure for centuries, flexible enough to face our common challenges and advance our common dreams in each new day.

注❻ great debate over the role of government とはレーガン時代から言われだした「小さな政府」がよいことなのか，あるいはニューディール以来続いている「大きな政府」が望ましいのかという論議。レーガン大統領の就任演説に，"Government is not the solution to the problem; government is the problem." とあったが，小さな政府論者にとっては政府自体が「problem」であるが，大きな政府を動かして福祉を実現していこうとするものにとって政府は「solution」と映る。ここではその表現を引用した。クリントンはそのどちらでもなく，「reinventing government」と主張した。ここでは自由競争でもなければ規制でもない，第三の道として「民衆の力」を信じるという信念が披露される。

❼ As times change, so government must change. We need a new government for a new century— humble enough not to try to solve all our problems for us, but strong enough to give us the tools to solve our problems for ourselves; a government that is smaller, lives within it's means, and does more with less. Yet where it can stand up for our values and interests in the world, and where it can give Americans the power to make a real difference in their everyday lives, government should do more, not less. The preeminent mission of our new government is to give all Americans an opportunity,—not a guarantee, but a real opportunity to build better lives.

注❼時代の変革とともに政府も変わらねばならないという，トマス・ジェファソン以来の「哲学」が披露される。しかし新しい形の政府は収入の範囲内で機能を果たす lives within its means べきだという。在任中に財政赤字を解消したクリントン大統領らしい発言。そして最後の文章では政府が国民に機会を保証 guarantee するのではなく，機会を準備する give という，政府サービス機関説が述べられている。

Beyond that, my fellow citizens, ❽ the future is up to us. Our founders taught us that the preservation of our liberty and our union depends upon responsible citizenship. And we need a new sense of responsibility for a new century. There is work to do, work that government alone cannot do: teaching children to read; hiring people off welfare rolls; coming out from behind locked doors and shuttered windows to help reclaim our streets from drugs and gangs and crime; taking time out of our own lives to serve others.

注❽ 「将来はわれわれしだいだ」と言うのは、ケネディの呼びかけた the future is in your hand を意識している。そして「政府だけではできないことがあるので、教育などに手を貸してほしい」という参加への呼びかけは、やはりケネディの創設した平和部隊への参画を思い出させる。また「子供たちに読むことを教える」必要があるというのは、読書の習慣が下火となっている日本などでも大いに考えなければならないことがら。国民の教養程度の高さこそは、真の豊かさのメルクマールであることを心得たうえでの指摘なのであろう。

Each and every one of us, in our own way, must assume personal responsibility, not only for ourselves and our families, but for our neighbors and our nation. ❾ Our greatest responsibility is to embrace a new spirit of community for a new century. For any one of us to succeed, we must succeed as one America.

The challenge of our past remains the challenge of our future, will we be one nation, one people, with one common destiny, or not? Will we all come together, or come apart?

注❾地域共同体を自分たちの手で支えていく、というボランティア的な精神こそがアメリカをまとめる力を発揮してきた。昔は消防隊や自警団が移民社会や地域ごとに住民の手で形成されていた。アメリカが近代社会に移行するにつれて、消防隊は月給つきの消防署になったし、自警団は州兵（state militia）などに発展した。そのため外からは伝統的な自助の精神は見えないが、自分たちのことは自らの手で何とかするという発想はまだすたれていない。アメリカをまとめる力を発揮するのはこうした発想なのだとするクリントンの考え方。

The divide of race has been America's constant curse. And each new wave of immigrants gives new targets to old prejudices. Prejudice and contempt, cloaked in the pretense of religious or political conviction are no different. These forces have nearly destroyed our nation in the past. They plague us still. ❿ They fuel the fanaticism of terror. And they torment the lives of millions in fractured nations all around the world.

These obsessions cripple both those who hate and, of course, those who are hated, robbing both of what they might become. We cannot, we will not, succumb to the dark impulses that lurk in the far regions of the soul everywhere. We shall overcome them. And we shall replace them with the generous spirit of a people who feel at home with one another.

注❿宗教や政治の殻をかぶった人種間対立がアメリカをほとんど破壊したというのは南北戦争への言及か？　そのような憎しみの気持は「テロという偏執狂 fanaticism of terror」であり，国家を分断し全世界で何百万人もの民衆を苦しめているという。いまとなってはこの言葉は，2001年9月11日を予感したものとも受け止めることができる。続くパラグラフは，暴力に対応するに憎しみに代えて寛容の気持をもとうではないかとして締めくくられている。歴史に「もしも if」はないが，クリントン政権だったならば「ナインイレブン」にどう対応しただろうか？

❶ Our rich texture of racial, religious and political diversity will be a godsend in the 21st century. Great rewards will come to those who can live together, learn together, work together, forge new ties that bind together.

注❶ godsendとは「天からの授かりもの」といったほどの意味だから、アメリカの多様な人種や宗教、政治理念などは、21世紀を乗り切る鍵になるといったほどの意味。文化多元主義をつねづね主張していたクリントン大統領らしい発言。似たような言葉は2000年の年頭教書を含めて、いろいろなところで繰り返された。多元的だということは混乱を内包するということだが、それが21世紀の救いになるという思想は、主流となる発想だけではなく雑多な発想を抱え込んでおくことによって社会としての粘着性が増して、それが全体主義などを食い止める力を発揮するということであろう。われわれも「日本は単一社会だから……」みたいな言い方はそろそろ返上か？

As this new era approaches we can already see its broad outlines. Ten years ago, the Internet was the mystical province of physicists; today, it is a commonplace encyclopedia for millions of schoolchildren. Scientists now are decoding the blueprint of human life. Cures for our most feared illnesses seem close at hand.

The world is no longer divided into two hostile camps. Instead, now we are building bonds with nations that once were our adversaries. Growing connections of commerce and culture give us a chance to lift the fortunes and spirits of people the world over. And for the very first time in all of history, more people on this planet live under democracy than dictatorship.

My fellow Americans, as we look back at this remarkable century, we may ask, can we hope not just to follow, but even to surpass the achievements of the 20th century in America and to avoid the ⑫ awful bloodshed that stained its legacy? To that question, every American here and every American in our land today must answer a resounding "Yes."

注⑫ 20世紀はアメリカの世紀であったかもしれないが、同時にそれは世界規模での戦争の世紀でもあった。awful bloodshed 云々はそのことであろう。

This is the heart of our task. With a new vision of

government, a new sense of responsibility, a new spirit of community, we will sustain America's journey. The promise we sought in a new land we will find again in a land of new promise.

....

Fellow citizens, we must not waste the precious gift of this time. ⓭ For all of us are on that same journey of our lives, and our journey, too, will come to an end. But the journey of our America must go on.

注⓭人生という旅はいずれ終わりが来る，つまりわれわれは死んでしまうのだというのはいかにも率直なものの言い方である。われわれは死んでいくがアメリカという旅は続けられるのだ，というのも間違いのない真実である。大統領の歴史感覚というよりはこれは哲学に近い。

And so, my fellow Americans, we must be strong, for there is much to dare. The demands of our time are great and they are different. Let us meet them with faith and courage, with patience and a grateful and happy heart. Let us shape the hope of this day into the noblest chapter in our history. Yes, let us build our bridge. A bridge wide enough and strong enough for every American to cross over to a blessed land of new promise.

May those generations whose faces we cannot yet see, whose names we may never know, say of us here that we led our beloved land into a new century with the American Dream alive for all her children; with the American promise of a more perfect union a reality for all her people; with America's bright flame of freedom spreading throughout all the world.

From the height of this place and the summit of this century, let us go forth. May God strengthen our hands for the good work ahead, and always, always bless our America.

8 クリントン——21世紀への橋渡し

《ウィリアム・クリントン大統領　第2回就任演説（1997）》

　市民の皆さん。
　20世紀最後の大統領就任演説にあたり，目をこらし次の世紀に待ち構えているもろもろの課題を視野に入れてみたいと思います。新しい千年紀，新しい世紀の始まりもさることながら，明るく新しい可能性に満ちた人間の社会がこれから始まろうとしています。これから数十年に及ぶ私たちの歩む道や，私たちの在り方を決めるような時代に，こうして歴史に生かされていることは大いなる幸運というものです。私たちは昔からの民主主義を常に新鮮に保たねばなりません。約束の地に対するいにしえのビジョンに導かれて，新しい約束の地に眼を注ごうではありませんか。
　18世紀の時代に，すべての人間は生まれながらにして平等であると果敢にも信じることによって，アメリカの希望が生まれました。19世紀に入ってアメリカが大陸に広がり，国家の統合が保たれ，いまわしい奴隷制度が廃止されたときに，その思想はさらに拡大され保持されました。そして混乱と勝利のなかにおいて，その希望は世界という舞台の上で炸裂して，アメリカの世紀が生まれました。

それはなんという世紀であったでしょう。アメリカは世界で最も強力な工業国となりました。2回に及んだ世界大戦と長期にわたった冷戦を通じて世界を圧政から救い、私たちと同じように自由の祝福を希求した全世界の何百万もの人間に、アメリカは手を差し伸べました。

それだけではありません。アメリカは膨大な中産階級をつくり上げ、老齢者の保障を打ち立てました。他に比類のない学びの場をつくり、万人のために公立学校をつくりました。原子を分裂させ、天空の探検を行いました。コンピューターやマイクロチップを発明しました。アフリカ系アメリカ人や他の少数グループのために、公民権上の革命を起こして正義の泉をさらに掘り下げました。市民権の範囲を広げ、女性に対しては機会を増やしその尊厳を高めました。

いま新しい世紀を迎えようとしていますが、アメリカが新世紀を迎えるのは3回目にあたります。19世紀を迎えたときには国家を一方の海岸からもう一方の海岸まで広げるという機会に恵まれていました。20世紀を迎えたときには、産業革命を手中にして自由企業の価値観を打ち立て、資源保存を行い、まっとうで人間的な生活を打ち立てる機会に恵まれました。こうした機会があったがゆえに、私たちは特別な存在だっ

たのです。

　21世紀への入口にあたり，自由を謳歌する私たちは情報化時代と地球規模の社会がもたらす力を入手し，人類のもつ限りのない力を解き放ち，そして人間のさらに強固な結びつきを実現するという機会に恵まれているのです。

　前回の就任式では，私たちが向かっている新しい未来の道が今日ほど定かに見えていたわけではありません。しかし私たちの国を新しくよみがえらせる道を選ぶと，そのとき誓ったのでした。それから4年の間に，悲劇に見舞われ，なすべき課題の前で奮い立ち，達成したことによってさらに強められてきました。世界にとっての重要国として，いまやアメリカのみが存在しています。ふたたびアメリカの経済は地上で最強のものとなっています。ふたたび私たちは家族の絆を強め，地域の連帯を強め，教育の機会を高め，環境の質を向上させました。ますます悪化するかと思われた問題は私たちの努力に屈して，アメリカの道路はより安全な場所となり，かつてなかったほどの人々が福祉受給をやめて就労者となりました。

　さらに政府の果たすべき役割について，大いなる論争の決着を見るにいたりました。今日私たちは次のように宣言することができます。政府が存在することは

問題ではないが，政府がすべての問題の解決をもたらすものでもないと。私たちアメリカの民衆こそが解決案なのです。私たちの国の建国者たちはそのことをよく理解し，数世紀にわたって生き延びるほどの力をもった民主主義を与えてくれました。その思想は私たちが直面する共通の問題に対応し，共通の夢を日ごとに推し進めていくことができるような柔軟性に富んだものでした。

　時代が変わるにつれ政府も変わらねばなりません。新しい世紀には新しい政府が必要です。かかえる問題のすべては解決できないという謙虚さをもちながら，私たち自らの問題を自分で解決するために必要な道具を提供してくれる政府が必要です。より小型で，予算の範囲内に収まり，より少ない予算でより多くのことを成し遂げる政府が必要です。それでも必要とあらば，私たちの価値や利益を守るために立ち上がることのできる政府，あるいは日常の中で真の変革を実行する力を与えてくれる政府であるならば，活動は減らさずに拡大する必要があります。新しい政府の最大の使命は，すべてのアメリカ人に対して機会を与えることでなくてはなりません。機会があることを保証するのではなく，よりよい生活のための本物の機会です。

　市民の皆さん。そこから先の未来はあなたの手にか

かっています。建国者たちは自由の保持と国家の統合は、市民の責任であると教えました。新しい世紀にあたり、新しい責任の念が必要です。やらなければならないことが残っています。それは政府だけでは成し遂げることができません。子供たちに読むことを教え、福祉手当の受給者を雇用し、鍵がかかったドアや鎧戸（よろいど）を閉じた窓から出て路上のドラッグやギャング、犯罪を撲滅することに力を貸し、他人を助けるために時間を割くことが必要なのです。

　私たち各自が、それぞれのやり方で、自分や自分の家族のためではなく隣人や国家のために責任をもたねばならないのです。私たちのもっとも大きな仕事とは、新しい世紀にあたっての新しい連帯感をもつことです。それぞれの国民が成功するためにはアメリカが一つになって成功する必要があります。

　かつての歴史上の課題は将来の課題です。私たちはひとつの国家、ひとつの民衆、ひとつの運命共同体となることができるのでしょうか、それともできないことなのでしょうか。私たちはともに歩むのでしょうか、それとも分かれて歩むのでしょうか。

　人種間の分裂はアメリカが背負ってきた呪いでした。昔からの偏見は、新しい移民の波をいつも標的としてきました。宗教や政治的信念をよそおった偏見や

侮蔑も単なる偏見に過ぎません。偏見は過去において国家を滅亡の淵に導きました。そしていまだに私たちにまとわりついています。そして恐怖のファシズムを生み出しています。地球の上には偏見ゆえに分断された国家があり、何百万人もの人々が苦しんでいます。

偏見という思い込みは、憎む側も、当然ながら憎まれる側をも縛りつけ、双方の可能性を奪い去ります。あらゆる魂の奥深くに潜んでいるどす黒い衝動に、私たちは打ち負かされてはならないし、ここで敗北するつもりもありません。そうした衝動には打ち勝つことができるのです。衝動に代わって互いに対する寛容の心をもつことができるのです。

アメリカに見られる人種、宗教、政治上の多様性は、21世紀にあたっての神からの授かりものです。ともに生活し、ともに仕事をし、互いを結びつける新しい絆をつくり上げるものには、大きな恵みがあることでしょう。

新しい時代が近づくにつれ、時代の大まかな姿が見えるようになりました。10年前のインターネットは物理学者の神秘の世界にありましたが、今日では何百万人もの学生たちにとってごく当たり前の知識の源となっています。科学者たちは人間の生命の青写真を読み解きつつあります。最も恐れられていた病気の治療

方法もほどなく見つかりそうです。

　世界はもはや2つの敵対する陣営に分かれてはいません。私たちはかつての敵国と関係を強めています。商業と文化の交流はますます盛んになって、世界中の人々が物心ともに豊かになっています。歴史上初めて、独裁政権のもとに生きる人間よりも民主主義のもとに生きる人間のほうが多数となっています。

　アメリカの皆さん。この大いなる世紀を振り返るとき、20世紀に打ち立てたアメリカの業績を継続させるだけではなくて、それを上回ることを実現し、おぞましい血に染まった過去の繰り返しを避けることができるのだろうかと疑問に思うかもしれません。この疑問に対して、ここにいるすべてのアメリカ人、今日この国に生きるすべてのアメリカ人が大声で「イエス」と答えねばならないのです。

　これこそが私たちの成し遂げねばならないことがらです。政府に対する新しい発想をもち、新しい責任感をもち、新しい相互連携の精神をもって、私たちはアメリカの歩む道を支えるのです。かつて新しい土地で探し求めた希望は、この国の新しい希望としてふたたび追求されねばなりません。

〔中略〕

仲間の市民の皆さん。与えられた時間を無駄にすることはできません。私たちは1人残らず同じ人生の旅人であり，その旅はいつか終わりを迎えるからです。それでもアメリカの旅は続けられねばならないのです。

　アメリカの仲間の皆さん。多くのことに勇気をもってあたらねばならないがゆえに，私たちは強くあらねばなりません。現代は私たちにさまざまな，大きな仕事を押し付けてきます。そうしたことがらに対して，信念と勇気をもってあたろうではありませんか。忍耐心をもって，謙虚で明るい心で，対処していこうではありませんか。今日という日の希望の心を，歴史に語り継ぐことのできるほどの気高いものに仕立て上げようではありませんか。私たちはいままさに橋をつくろうとしているのです。祝福に満ちた新しい希望の地に向かって，すべてのアメリカ人が渡ることのできるような，大きな橋をつくろうとしているのです。

　いまだ顔を見ることのできない，いまだ名前を知ることのできない将来の世代が，私たちのことを指して，アメリカの夢を大事にしながらすべての子供たちのためにこの愛する国を新しい世紀に導き入れた，と述べることができますように。より強いまとまりを形成するというアメリカの希望が，すべての人にとって

真実となりますように。輝くアメリカの自由の炎が，世界の隅々にまで及びますように。

　今世紀の終わりにあたって，いまのこの高みからさらに前進しようではありませんか。神がこれからの仕事にあたってご加護を与え，絶えることなくアメリカを祝福されますように。

9 ブッシュ（子）——父親を継いだ男

2001年11月，ジョージア州アトランタでテロに対する政府の取組みについて演説するブッシュ（子）

背伸びをする大統領

アメリカのジョークに次のようなのがある。Why is 2001 like 1991? There's a Bush in the White House and we're going into a recession. (なぜ2001年と1991年は類似しているか。答え：ホワイトハウスにいるのはブッシュであり，経済は景気後退局面に入っている)。確かに1991年と2001年にアメリカの景気は悪化している。そして大統領となった2人は実の親と子である。特に親と子がそろって大統領というようなことは，アメリカの歴史のなかでもたった1回しかなかった。2代目の大統領ジョン・アダムズと6代目の大統領ジョン・クインシー・アダムズの例である。

門閥による支配や貴族の血統などを嫌うアメリカの政治が，意識的に2世や3世による政治活動を避けてきた気配がある。江戸時代の末期に咸臨丸でアメリカを訪れた一行のなかに福沢諭吉がいた。一行がサンフランシスコに上陸してまもなく誰かが，ジョージ・ワシントンの子孫はどうしているかと周りのアメリカ人たちに尋ねた。国家創設の恩人の子孫は100年経ってもアメリカの名家として尊敬されていると考えたらしいが，子孫の行方を知るものはいなかった。そのうち物知りが現れて，「たしか女性の子孫が生きていて，いまは誰かの愛人になっているはずだ」と述べて，福

沢をいたく感動させることになった。さすがに人の上に人を立たせることのない，民主主義と機会均等の国だというわけである。

このような伝統があったにもかかわらず，最近になって2世の大統領が出現したという事実は，アメリカで何かが大きく変わりつつある，ということの証しのような気がする。しかも行動のパターンまでが何やら非アメリカ的なのである。第43代大統領ジョージ・W・ブッシュ（George Walker Bush, 在職 2001— ）の行動を見る限り，家庭や父親のくびきを振り切って1人で「荒野」に向かうという伝統的なアメリカ男性のパターンが見られない。むしろ逆に，父親の歩いた道を自らがたどろうとしている。しかもそこから生まれる結果はおよそ対照的なのである。

父親のブッシュはコネチカット州の名家に生まれたが，恵まれすぎた環境に反発して西部のテキサスに出向いた。そこで実力を発揮して実業家として名を上げ，古いアメリカの理想を実現した。子供のブッシュは父親と同じようにテキサスの石油業界で商売に手を出したが，会社が倒産寸前になったときに父親の名声を利用して売却に成功した。父親は第二次世界大戦で命を落としかけた英雄的なパイロットであったが，子供のブッシュはテキサス州空軍予備役兵となった。そのためベトナム戦争での実戦を避けることができた。

同じイェール大学を卒業したが，父親は学業，スポーツに優れた秀才，それに引き替え子供のほうの成績はかんばしいものではなかった。

このような背景ゆえに，子供のブッシュは息を切らしながら，かろうじて父親の跡を追っているという風景が浮かび上がる。アメリカのマスメディアなどでは，ブッシュはできの悪い長男であったが，父親に受け入れてもらうために必死でがんばってきたという，父親コンプレックス説をとなえる向きもある。大統領を目指したのは，父親に追いつき追い越そうとするもっとも典型的な行動例だという。そのためには能力の限界を超えて，たえず背伸びをしなければならないブッシュがいた。

大統領選挙の結果そのものも，息を切らしながらかろうじてゴールインといった趣があった。一般の投票結果では民主党の大統領候補アルバート・ゴアに50,996,064票，共和党のジョージ・ブッシュには50,456,167票が集まった。ゴアに集まった票のほうが50万票以上多かったことになる。ケネディとニクソンが争った大統領選挙のときの格差は10万票であり，その差をもってケネディ大統領が誕生している。しかしアメリカの大統領選挙のしくみでは一般投票ではなく各州単位で大統領選出人を選出することになっており，こちらのほうはゴア＝266選出人対ブッシュ＝

271 選出人という結果が出た。票差の関係などから選出人 20 人以上がかかっていたフロリダ州での開票結果が問題となり，手作業での数え直しなどが行われ，裁判沙汰にも発展して事態が混乱。そのなかでかろうじてブッシュ大統領が実現した。

あぶない英語

選挙中にゴア陣営とブッシュ陣営が激しく争っていたときのことである。お互いの中傷合戦にまで発展したとき，ゴア候補側のスポークスマンだった人物が次のように述べた。

George Bush is routinely unable to string together a coherent sentence to explain his own proposals. Americans will decide whether Bush's uncertain command of the facts and his garbled language bear on his ability to be an effective leader.

（いつもそうなのだが，ジョージ・ブッシュは自分の公約を説明するときに，まともな文章を作り上げることができない。ジョージ・ブッシュは事実関係を把握しておらず，言語が不明確であり，果たして有効な指導者たり得るかどうか。それはアメリカ人が決めるだろう）

結果としてアメリカはゴアではなくブッシュを大統領と決めたわけだが、テレビだけを見ていた大部分の有権者にとって、ブッシュが指導者としての資格を有するか否かといった点は問題にはならなかったようである。

　ブッシュは勇敢で、決断力に満ちた人物に見えた。繰り返し行われたテレビ討論や演説の場では、一所懸命何かを訴えようとしていた。ところがである。選挙運動中の発言内容をよく読めば、ゴア陣営の主張があながち誇張だったわけではないように思われる。たとえばテキサスで次のような発言があった。

　　If you don't stand for anything, you don't stand for anything. If you don't stand for something, you don't stand for anything.
　　（何も主張しなければ何も主張していない。何か立脚する点がなければ、何も主張していない。——テキサス州オースチンにて。2000年11月2日）

　このような英語の使用方法は1回限りであったわけではない。大統領となってからもたびたび繰り返されている。カナダを訪問した際に次のように述べて周りを唖然とさせた。

It's very important for folks to understand that when there's more trade, there's more commerce.
（皆さんにわかっていただきたいのは，貿易が多ければ多いほど交易が多いということだ。——ケベックシティーにて。2001 年 4 月 21 日）

あるいは次のような発言もある。

Redefining the role of the United States from enablers to keep the peace to enablers to keep the peace from peacekeepers is going to be an assignment.
（翻訳不可能。——「ニューヨークタイムズ」2001 年 1 月 14 日）

中近東の安定の必要性については次のように発言した。

I understand that the unrest in the Middle East creates unrest throughout the region.
（中近東の騒乱はその地域全般に騒乱をもたらすと理解している。——ワシントン D.C. にて。2002 年 3 月 13 日）

ここにあげた例（貿易は交易，中近東の騒乱はその地域の騒乱）は同じ意味をもつ言葉が繰り返されたもので，トートロジー（同語反復）と言われる。それだけであるならばこれも一種の言語上のテクニックであり，本当のことを言いたくないときなどに使われるやり方である。あるいは何も話すことがないにもかかわらず雄弁に語っているように見せかけるには，同じような言葉の繰り返しで済ますという手法があり得る。本書で見てきたような正面きっての大統領のレトリックなどとは次元が異なる手法であるが，いかにも政治家らしい言葉の技術だと言える。

ところが実際には技術云々のレベルではないようにも見える。

    I know how hard it is for you to put food on your family.
    (to put food on <u>the table for</u> your family のつもりならば，「家族のために食料をテーブルに置くという行為もなかなか困難であることを自分は知っている」となる。——ニューハンプシャー州ナシュアにて。2000年1月27日)

このような表現に出食わしたとき，果たしてこれは疲れたブッシュが思わず the table for という単語を

抜かしてしまったものなのか,あるいはもっと根源的な問題が潜んでいるのか,人々は疑問をもつことになった。

2002年にはモスクワで次のように述べて,墓の中のトマス・ジェファソンをびっくりさせることになった。

We hold dear what our Declaration of Independence says, that all have got uninalienable rights, endowed by a Creator.
(モスクワでのスピーチ。2002年5月24日)

人間が本来生まれながらにもっている権利のことをinalienable rights と言い,本書でもこの言葉は何回か引用したが,un-inalienable とは言わない。

このような例があまりにも多いため,専門家のなかには失語症または読書障害(dyslexia)の可能性を指摘する向きもあるほどである。ただしその兆候は軽微であり,一時的に言語が混乱することはあっても日常生活には支障がないし,スピーチの内容を暗記したりして自分が演技者になったつもりで話すならば,普通の言語能力をもった者よりもさらに立派な演説ができるともいう。ただしこのような症状をもった人間の場合,行動様式が硬直的になり,新たな行動を避けて自

分が知っているおなじみの道をたどりがちになるという。

父親の歩んだ道を長年にわたってなぞり，大統領の補佐官である閣僚には父親時代の手馴れた政治家や将軍をすえつけ（副大統領のディック・チェイニーは父親時代の国防総省長官だったし，国務長官のコリン・パウエルはかつて統合参謀本部会議議長だったなど），日常の生活をしっかりとした時間割で送ろうとするブッシュ大統領には，あるいはこのような傾向があるのかもしれない。

民衆の英語

万が一言語上の軽微な問題がブッシュ大統領にあったとしても，それは大統領から人間的な価値を取り去るものではないことは当然である。むしろ弁舌さわやかな割に中身が何もないといった人物よりは，よほどましであろう。あるいはアメリカの歴史のなかで，似たような例がないわけではない。もっとも極端な例であるが，第7代大統領アンドルー・ジャクソンにとっては，英語のスペルはおろか自分の名前を書くことさえ大ごとであった。大統領の文書や手紙に署名するときなどには大いに苦労したと言われる。しかもこのような存在があったから，特に財産や才能に恵まれなかったものたちも「いつかは大統領になれるかもしれ

ない」という夢を描き続けることができた。コモンマンと言われる普通の人々にとっては,むしろこうしたリーダーこそが希望の星なのである。

　逆説的ではあるが,このようなリーダーの存在はアメリカの財産であるとも言える。高踏的で国民から遊離した人物よりも,国民一般に近くてなじみやすい「ミスター・プレジデント」がいるということ自体が,むしろアメリカ的なものの多くを生み出してきた。具体的な例ではアメリカ英語のスペリングがある。やはりジャクソン大統領の時代であったが,すでに述べたノア・ウェブスターなどの提言もあって,イギリス風の英語が人為的に改められたのである。イギリスの綴りは発音とかけ離れていることも多く,特殊な教育を受けたものしか英文を書くことができないと考えられた。英文を民衆に解放し,誰でも文章をものすることができるようになるためには,わかりやすさが大事であり,そのためには発音とスペルが合理的に一致している必要があるとされた。そして次のような修正を含めた一連の提案がなされた。

　　pretence, defence などの ce を se に改める →
　　　pretense, defense
　　harbour, rumour などの our を or に改める →
　　　harbor, rumor

centre, theatre などの tre を ter に改める →
　　center, theater
　　programme, dialogue などで発音にない文字を
　　取る → program, dialog

　このような英語はイギリス英語と対比してアメリカ英語 (American English) と言われるが、スペルの合理化は、その後セオドア・ローズベルト大統領の時代にも試みられた。たとえば night は nite に、through は thru に、debt は det にといった主張であったが、これは定着することがなかった。それにしても自然発生的に生まれたものを放置することなく、民衆の便益のために人工的に手を加えるところに、「アメリカの夢」がもっているひとつの側面が現れている。

　アメリカ英語は規則破りの側面ももっている。たとえば動詞、名詞、といった文法上の分類（約束事）の束縛がゆるいのである。普通 interview は名詞だと考えられるが、アメリカ英語では She interviewed me. などとも言い、動詞としても用いられる。つまり名詞と動詞が混同されている。local や spiritual は「地方の」「精神的な」といった形容詞のはずだが、「地元の人間」「黒人霊歌」などといった名詞としても通用する。あるいは getaway（逃走）, hide-out（隠れ先）などのように、もともとは別々だった動詞 (get, hide)

と副詞（away, out）を組み合わせて新しい言葉をつくってしまう。

このような自由闊達なやり方は、伝統的な見方からすれば、堕落ないしは教養の欠落ということであろう。あるいは危険な傾向だとも言える。アメリカは絶えずスペルや文法上の約束事を間違えるがゆえに、国民的な読書障害にかかっているとさえ言えるかもしれない。しかし別な見方から言えば、言葉が伝統のしがらみを破って絶えず変容し続けているということであり、自由な活力を秘めているということでもある。そのような活力は、伝統の守り手が生み出すのではなく、民衆の旺盛な生命活動から生まれ出るのであろう。生命活動は規則の枠を越えて広がって、場合によっては混乱を引き起こし、伝統の破壊をもたらす。

トマス・ジェファソンは I am not afraid of the people. と言ったが、恐ろしい力をもった民衆は偶像破壊を繰り返して歴史をつくりあげてきた。結果としてその破壊活動が新しいものを生み出した。いま「アメリカの夢」やアメリカ英語が世界に広がりつつあるが、こうしたものは「恐ろしい」民衆の力を内在させていると理解しなければならない。それだけではない。世界の民衆はアメリカの音楽やファストフード文化などを大量に受け入れている。これまた伝統文化を破壊する力を秘めている。「世界のアメリカ化の問題」

について良識ある識者たちの警告が多々発せられているのは、伝統や良識の破壊を「悪いこと」とした場合には当然の反応であろう。それにもかかわらず、世界の民衆が「アメリカ」を受け入れているというのは、混乱や破壊を是とするジェファソンの理想と関係がないわけではあるまい。

ブッシュ大統領の英語は、伝統的で正当な英語ではないかもしれない。むしろ伝統の破壊力を秘めた民衆の英語に近いのであろう。それはある意味で極めてアメリカ的な現象であり、やはりアメリカの象徴だと言わざるを得ない。

イングリッシュ・ペーシェント

それにしてもブッシュ大統領の言葉は、肝心の民衆にこそ国家の主権があるとするいにしえの理想を表現するにも、やや舌足らずのようである。2001年の独立記念日を前にしてジェファソン記念碑を訪れたときのことである。次のような発言があった。

> Well, it's an unimaginable honor to be the president during the Fourth of July of this country. It means what these words say, for starters. The great inalienable rights of our country. We're blessed with such values in

America. And I—it's—I'm a proud man to be the nation based upon such wonderful values.

（この国の7月4日にあたって大統領を務めるのは想像できないくらい名誉なことです。それは基本的なことですが次の言葉が物語っています。国家の偉大な不可侵の権利です。アメリカはこういう価値観をいだいているわけで，私がこのようなすばらしい価値に基づいてつくられた国家であることを誇りに思います。——ジェファソン記念碑を前にして。2001年7月2日）

もちろんこの発言は何かの間違いであったが，great inalienable rights of our country はアメリカ建国の理想の反対である。この言い方では国家が大きな力をもっているが，そうではなく国家の横暴や権威から民衆が自由になるために inalienable rights が民衆のものだと主張されたのであった。また I am...the nation などという発言は，「朕は国家なり」みたいで，民主主義を標榜する国の元首の言葉としてはふさわしくない。

ブッシュ大統領は国際関係に弱いというもっぱらの評判であったが，2001年11月にブラジルの大統領フェルナンド・カルドーソとの会談の席上では，「ブラジルにも黒人がいるのですか？」と聞いてひんしゅ

くを買った。
　あるいは記者会見で次のように発言した。

　We spent a lot of time talking about Africa, as we should. Africa is a nation that suffers from incredible disease.
　(当然のことだがアフリカについて多くの時間を費やして語っている。アフリカというのは信じられないほどの疾病で苦しんでいる国家です。——記者会見で。2001年6月14日)

Africa is a nation... というとアフリカ大陸に国家がひとつしかないことになり，多様なアフリカを否定することになる。
　われわれに関係のある日本についても不用意な発言があった。2002年2月に日本を訪れたときである。

　My trip to Asia begins here in Japan for an important reason. It begins here because for a century and a half now, America and Japan have formed one of the great and enduring alliances of modern times. From that alliance has come an era of peace in the Pacific.
　(私のアジアの旅は日本から始まりますがそれに

9 ブッシュ(子)——父親を継いだ男　347

は大きなわけがあります。というのは過去150年間にわたりアメリカと日本は,近代の偉大で継続的な同盟関係を形成してまいりました。このような同盟関係から太平洋における平和の時代が生まれたのです。——東京にて。2002年2月18日)

　非常に長期的に見た歴史の流れのなかではこの言い方も間違いではないであろうが,それにしても第二次世界大戦(太平洋戦争という言い方もある)を省略してしまうのは,あまりにもマクロな見方というものであろう。
　思わず舌が滑ってしまい,潜在意識に潜んでいた思いが表現されてしまうのを精神分析学者のジグムント・フロイトにちなんで「Freudian slip(フロイト的言い間違い)」というが,ブッシュ大統領の次のような発言は,そのフロイトの「すべり」ではなかったかなどとも思われる。

　　After all, it is where children from all over America learn to be responsible citizens, and learn to have the skills necessary to take advantage of our fantastic opportunistic society.
　(アメリカ中の子供たちが責任ある市民であることを学び取り,私たちのすばらしく日和見主義的

な社会をうまく利用していくに必要な技術を身につけるところなのです。——カリフォルニア州サンタクララにて。2002年5月1日）

　もしこれが fantastic society <u>full of opportunity</u> であるならば「あらゆる機会に満ちたすばらしい社会」となって，おそらくはそういうことが言いたかったのであろうが，opportunistic というのはどう見ても「日和見主義的，ご都合主義的」といったほどの意味しかない。

　ひるがえって考えてみれば，確かにアメリカという国家はヨーロッパ系のご都合主義から成り立っている。白人たちはネイティブ・アメリカンを圧殺して土地を奪ったし，奴隷制度を持ち込んでアフリカ系を搾取した。あるいは物欲に固まったような資本主義の体制を打ち立て，その過程で自然環境を破壊し，天然資源を枯渇せしめた。いかにも自己中心的な外交政策も展開した。しかし大統領がまさかアメリカという名前の日和見主義を認めて，子供たちにそのなかでうまく生き延びていく技術を身につけよと説いたわけではあるまい。

　このような不用意な発言や間違った語法があまりにも多いため，一部の人々はブッシュ大統領は「英語利用上の病気」にかかっている，つまり English

Patient だと噂するようになった。マイケル・オンダーチェに『The English Patient（イギリス人の患者）』という名作の誉れ高い小説があり、それを映画化した同名の作品がアカデミー賞を7つも取るという評判作となった。大統領を指してイングリッシュ・ペーシェントと言うのは、それをもじったものである。

先週末をもって成熟した

　大統領に就任して6ヵ月も経つと、ブッシュに対する批判が後戻りのきかないほど高まっていたのは事実である。数多くの失言もさることながら、2001年夏の時点でアメリカの経済は危険なデフレ傾向を示していたし、クリントン政権から受け継いだ財政上の黒字も減少しつつあった。世論調査の結果では、ブッシュ大統領は決断力に欠け、思いつきの発言が多すぎるという国民の評価となっていた。また周りのアドバイザーの言うなりになりすぎるといった評価も出ていた。9月いっぱいに次年度の予算を決める必要もあり、逆風のなかで議会審議の難航も予想された。共和党の首脳部は事態を危機的なものととらえ、1期4年で見限られた父親の間違いを繰り返してはならないとして対策を協議し始めていた。

　その矢先に「ナインイレブン」の悲劇が起こった。そして9月11日の世界貿易センターと国防総省に対

するテロ攻撃は、ジョージ・ブッシュの大統領としての在り方を根元的に変えることになった。突然危機に面した国家にとって、ブッシュはかけがえのない指導者となり、フルに活動する行政府の最高司令官となったのである。

9月13日の「ニューヨークタイムズ」紙の社説は、大統領に対する次のような助言を掲載した。

> 大統領が果たすべき役割は、ここで指導力を発揮するという簡単なことだ……いま大統領はすべてのアメリカ人、ことにニューヨークの人々の心にふれなければならないし、通路を隔てた民主党の議員たちの心にもふれて助言と支持を取り付けねばならない。

さらに社説は、

> the best way he can earn country's confidence is by appearing frequently in public, and by not being afraid to answer questions.
> （アメリカの信頼を得る最良の方法は、できるだけ頻繁に公衆の面前に出ることと、質問が出されたときにも恐れずに答えることだ）

と具体的に書いて，言語に自信のない大統領を勇気づけた。

もはや英語の文法について文句を言うなどという事態ではなかったのであろう。むしろ大統領に対して，もっと前に出てくるようにとの要請が行われた。それから3日後の新聞には，首都ワシントンやニューヨークを駆け巡って被災者をなぐさめ，アメリカ人を勇気づけている大統領の姿が報道され，

> George W. Bush began coming of age as president this weekend.
> （ジョージ・W・ブッシュは先週末をもって大統領として成熟した。——「ニューヨークタイムズ」2001年9月16日）

などと伝えられた。

これは以前にも見た図式である。父親の時代に湾岸戦争が始まると，国内の異論は影を潜めて挙国一致に近い雰囲気が生まれた。戦争などの危機に見舞われると，アメリカは大統領に対する批判を取り下げて大統領を大挙支持する方向にまわる（rally around the president）。こういった現象は父親ブッシュのときだけに見られたのではなく，古くは第一次世界大戦時のウッドロー・ウィルソン大統領に対する支持のなかに

も見られた。第二次世界大戦時には、ニューディール政策に対する批判は根強かったものの、「川の流れの真ん中で馬を乗り換える馬鹿はいない」という格言のもとで、フランクリン・ローズベルト大統領が4選されるという歴史的にも例のない異様な支持状況が生まれた。

アメリカにとって大統領とは何か、ひいては国家とは何かということを考えさせられる事態である。クリントン大統領はスキャンダルにまみれていたが、経済の好調に救われた。国民は経済の繁栄ゆえに大統領の行儀の悪さには眼をつぶったふしがある。イングリッシュ・ペーシェントの大統領といえども、国家が危機に面したときには指導者として祭り上げねばならない。いまさら乗る馬を選びなおすわけにはいかない。帝王としてふるまったニクソン大統領は、その行動が行き過ぎたときに引きずりおろされた。ただし役に立つ限りにおいては「大統領」としての栄光を与えておく。

アメリカの「国家」もまた「大統領」と同じように、神秘的な衣をまとった至上の存在ではなさそうである。ウィルソン大統領が第一次世界大戦に参戦したときに述べた理由というのは、戦争を中止させるための戦争 war to end a war であって、国家の防衛ではなかった。ローズベルトにとっての第二次世界大戦

は,「自由と民主主義の防衛」であって,国体の護持ではなかった。ブッシュ大統領がテロ攻撃直後に行った国民へのスピーチでは,攻撃を受けたのは国家ではなく our way of life だとされた。この場合のアメリカ的生きざまとは,国家とは別の次元の豊かでオープンな日常生活を指すのではないだろうか。

ブッシュ大統領に与えられた務めが,豊かなアメリカン・ウェイ・オブ・ライフの防衛であるとするなら,その仕事は以前の大統領の仕事にもまして膨大なものになる。アメリカンライフをおびやかす敵は目に見えず,地球のどこに潜んでいるかも定かではない。これは1991年に父親のブッシュ大統領が直面した戦いとは対照的である。父親はディック・チェイニーとコリン・パウエルをしたがえて,サダム・フセインというはっきりと目に見える敵を相手にした。息子のブッシュは同じ補佐官をしたがえながらも,影のような相手に立ち向かわざるを得なかった。しかもその敵は,父親のまいた種から生まれたアラブの怨念を栄養素にして大きくなった。

21世紀の始まりにあたって,息子は父親のこなした仕事よりもはるかに困難な仕事に挑んだのである。やや息切れ気味の息子ではあったが,新しい事態は新しい大統領の在り方を要請した。以下に掲げるのは,息子の新たな旅立ちのきっかけとなった「ナインイレ

ブン」の直後に発表された大統領の声明である。あわただしい雰囲気の漂うホワイトハウスの執務室から，夜の8時過ぎにテレビとラジオで同時放送された。

《Speech immediately after the Nine-Eleven (2001)》

Good evening. ❶ Today, our fellow citizens, our way of life, our very freedom came under attack in a series of deliberate and deadly terrorist acts. The victims were in airplanes, or in their offices; secretaries, businessmen and women, military and federal workers; moms and dads, friends and neighbors. Thousands of lives were suddenly ended by evil, despicable acts of terror.

注❶ Good evening. に続いていきなり Today... と事件の報告が始まる。社交辞令などを述べている場合ではないという緊迫感にあふれた話し方。また大統領のスピーチでは my fellow citizens という呼びかけが普通であるが，our fellow citizens とはきわめて異例である。このあとに続く our way of life... からの連想による言いまちがいか？　ホワイトハウスの混乱ぶりがうかがわれる。意図的なテロ攻撃にあったもののリストのなかで最初に出てくるのが，our way of life であるのも象徴的。American way of life とは何を指すのだろうか。「自由」とか「民主主義」といった表層的な定義はともかく，「アメ

リカ的生活の方法」とは，資源を多量に消費し，自由市場制度という弱肉強食のシステムを維持し，物的な豊かさに囲まれた「幸せな」生活ではないだろうか。それが攻撃対象であったとするなら，攻撃した側は相当な思想の持ち主である。

The pictures of airplanes flying into buildings, fires burning, huge structures collapsing, have filled us with disbelief, terrible sadness, and a quiet, unyielding anger. These acts of mass murder were intended to frighten our nation into chaos and retreat. But they have failed; our country is strong.

A great people has been moved to defend a great nation. Terrorist attacks can shake the foundations of our biggest buildings, but they cannot touch the foundation of America. ❷ These acts shattered steel, but they cannot dent the steel of American resolve.

注❷緊急の事態下にあっても，「建物の<u>基礎</u>はつぶすことができてもアメリカの<u>基礎</u>はつぶれない」とか，「<u>鉄筋</u>は壊れても<u>鉄の決意</u>は動かない」などといったレトリックが使用される。文体が整っていて美しいと同時に，聞き手に安心感を与える。話し手の余裕を示唆しているからである。日本でこういう

ことを言えば「ふざけている」となるのだろうが。

America was targeted for attack because we're the brightest beacon for freedom and opportunity in the world. And no one will keep that light from shining.

Today, our nation saw evil, the very worst of human nature. And we responded with the best of America—with the daring of our rescue workers, with ❸ the caring for strangers and neighbors who came to give blood and help in any way they could.

Immediately following the first attack, I implemented our government's emergency response plans. Our military is powerful, and it's prepared. Our emergency teams are working in New York City and Washington, D.C. to help with local rescue efforts.

Our first priority is to get help to those who have been injured, and to take every precaution to protect our citizens at home and around the world from further attacks.

注❸ニューヨークというのは物事の回転が速く活発で，生き馬の目を抜くような雰囲気がある。それゆえに人間関係も荒っぽいところがあった。しかしこ

の大きな悲劇のあとではここに言及されているように，見知らぬ人が親切になる，といった現象が生まれた。やさしさを取り戻した人々は，街角で声を掛け合い，夕食は家庭で食べ，他人の行動に寛容になったという。

The functions of our government continue without interruption. Federal agencies in Washington which had to be evacuated today are reopening for essential personnel tonight, and will be ❹ open for business tomorrow. Our financial institutions remain strong, and the American economy will be open for business, as well.

注❹政府は open for business と出てきて，次の文章ではアメリカの経済も open for business とある。文字通り商売のためにお店が開いているという表現だが，さらに転じて通常通り機能しているといったほどの意味をもつ。テロ攻撃ごときには動じないことを示すために，事件後は通常の生活をするというのが流行となった。この言葉がきっかけになったのであろう。「America is open for business（アメリカは通常通り機能中）」，というステッカーが，全米各地の銀行や店舗に張り出されることになった。サンフランシスコのチャイナタウンにも同じステッ

カーが張られていた。

The search is underway for those who are behind these evil acts. I've directed the full resources of our intelligence and law enforcement communities to find those responsible and to bring them to justice. We will make no distinction between the terrorists who committed these acts and those who harbor them.

I appreciate so very much the members of Congress who have joined me in strongly condemning these attacks. And on behalf of the American people, I thank the many world leaders who have called to offer their condolences and assistance.

America and our friends and allies join with all those who want peace and security in the world, and ❺ we stand together to win the war against terrorism. Tonight, I ask for your prayers for all those who grieve, for the children whose worlds have been shattered, for all whose sense of safety and security has been threatened. And I pray they will be comforted by a power greater than any of us, spoken through the ages in ❻ Psalm 23: "Even though I walk through the valley of the shadow of death, I fear no evil, for You are with me."

注❺すでにこの時点で we stand together としてアメリカが単独で戦うのではなく国連ないし多国籍軍が動くのだという言及がある。また war against terrorism という表現で，国と国の戦いではなく新しいタイプの戦争があり得ることが示唆されている。

❻詩篇は旧約聖書の一部。大統領のスピーチには聖書が引用されることが多い。多くの人が馴れ親しんだ聖なる文献だからであろう。特にこの部分のように死者の冥福を祈るときなどは，聖書の引用は妥当性があって安心感をもたらす。西欧文明の基本を形成するがゆえに，信仰とは別に一度は触れておく必要があるのが聖書であろう。

This is a day when all Americans from every walk of life unite in our resolve for justice and peace. America has stood down enemies before, and we will do so this time. None of us will ever forget this day. Yet, we go forward to defend freedom and all that is good and just in our world.

Thank you. Good night, and God bless America.

《9月11日事件直後の演説 (2001)》

　今晩は。仲間の市民の皆さん，本日，意図的かつ破壊的な連鎖的テロ攻撃によって，私たちの生活の在り方，私たちの自由そのものが攻撃に曝されました。航空機に乗っているものや，事務所にいる人たちが犠牲となりました。秘書たちや，ビジネスマン，ビジネスウーマン，軍人，連邦政府職員などです。父親や母親，友人や隣人が犠牲となりました。唾棄すべきテロ行為によって，突然数千もの命が失われました。

　建物に飛び込んでいく飛行機，燃え上がる火炎，巨大な構造物が壊れる様子などを見て，私たちは信じることができないままでしたが，大きな悲しみ，そして静かではあるが確実な怒りに満たされました。これらの大量殺戮の行為は，我が国をおびやかし，混乱と敗北に追い込むことを目的としたものです。しかしその目的は達せられませんでした。わが国は強力なのです。

　いままでも偉大な国家を守るために，偉大な国民が動員されました。テロ攻撃はアメリカ最大の建物の基盤をゆるがせることはできますが，アメリカの基盤にはふれることさえできません。攻撃は鋼鉄を打ち砕き

ましたが，アメリカの鉄の意志にくぼみを与えることさえできません。

アメリカが攻撃の的となったのは，私たちが世界における自由と機会のもっとも明るい光だからです。その明かりを消すことのできる者はいません。

本日私たちの国は人間の本性の最悪の部分である悪を目の当たりにしました。アメリカの最良の部分がこれに対応しました。勇敢な救助作業員がいて，名前もわからない人や隣の知り合いなどが血液を寄付し，あらゆる手助けを行いました。

最初の攻撃直後に，私は政府の緊急事態対応計画を発動させました。私たちの軍事力は強力で，準備を整えています。私たちの非常事態作業員たちは，ニューヨークとワシントンで地元の救助活動の手助けをしています。

最初に行っていることは傷ついた者たちの救助であり，国内や外国にいるアメリカ市民を保護することです。

政府の機能は途絶えることなく動いています。ワシントンの連邦政府官庁は本日職員の退去を行いましたが，今夕には中枢の仕事をする職員が戻ってまいりました。明日は普段のように仕事を行います。私たちの金融機関は強力な力をもっていますし，アメリカの経

済もまた普段通りに活動します。

　こうした邪悪な行動の背後にいる者は誰か調査が進行中です。アメリカの情報関係や治安維持関係機関が犯人を捜し出し，法の裁きをもたらすべく全力をあげるように指示しました。このような行動を取ったテロリストと，このような行動の計画を構想した者の区別はありません。

　これら一連の攻撃を強く非難することに同調してくれた合衆国議会のメンバーにお礼を申し上げます。またアメリカの民衆を代表して，悔みの言葉や援助の言葉を伝えてくれた世界の指導者たちにお礼を申し上げます。

　アメリカとその友好国，同盟国は，世界の平和と安全を願うすべての人々と共に立ち，テロに対する戦いを勝ち取るのです。悲しみにくれるもの，世界が破壊されてしまった子供たち，安全と安定がおびやかされたすべての人たちのために，皆さんが今晩祈りをささげてくれるように要請します。そして彼らが私たちの誰よりも大きな力によって慰められることを祈ります。長い間読みつがれてきた詩篇23には次のようにあります。「死の陰の谷を歩くとも，主と共にあるならば恐れを知らじ」

　本日こそはあらゆる分野にあるすべてのアメリカ人

が，正義と平和をもたらすために心を一つにするときです。アメリカは以前にも敵に対面して打ち勝ちました。今度も同じことです。今日という日を忘れることのできるものはいないでしょう。それでも私たちは自由を守り，私たちの世界のよきことがらと正しいことがらを守るために前進するのです。

　ありがとう。おやすみなさい。そして神の祝福がアメリカにありますように。

エピローグ

　私たちはこの本のなかで1960年代のケネディ大統領から，ほぼ半世紀に及ぶ大統領の姿と言葉を見てきた。それぞれの大統領にはそれなりの時代背景があり，その時代と大統領との抜き差しならない相互関連が織りなす綾は，場合によっては悲劇的であったし，あるときには英雄的であった。しかしことわざに，「全体は各部分の総和よりも大きい」というのがある。すなわち各大統領の姿と言葉が語りかける物語はそれなりに面白いのだが，全体を通じて眺めたときに，さらに大きなストーリーが浮かび上がってくる。ここでは本書のしめくくりとして，そのより大きな物語を考え，登場してもらった大統領たちをアメリカ現代史のなかに位置づけることにしたい。

大統領の輝いていた時代

　歴史のなかの大統領と言えば，巨大な人間であった。The President と言えば神話的な人物に等しく，初代のジョージ・ワシントンなどはまさに神格化された存在である。首都ワシントンD.C.にスミソニアン国立博物館があり，その歴史館には「ジョージ・ワシ

ントンが独立戦争中に寝泊りしていたテント」というのが展示されている。国宝級の取り扱いをされているのは当然としても，見物にやって来た人たちが説明を聞かされるたびに，「オー」とか「アー」といった感嘆詞を発しているのが印象的である。あるいはアメリカの東海岸を旅すれば，いわくありげな古めかしいレストランなどに「George Washington Ate Here（ジョージ・ワシントンはここで食事をした）」などと書いた真鍮の板が壁にはめ込まれているのを見かけることがある。

歴史上の大統領は，いつまでも偉大な人物として記憶されている。3代目のジェファソンの言葉が防弾ガラスのなかに封じ込められているようすについては述べた。同様にエイブラハム・リンカンの姿と言葉は，白亜の大理石でできたリンカン記念碑に刻み込まれているし，車椅子に座り愛犬ファラを引きつれたフランクリン・ローズベルトは，ワシントンの公園でブロンズ像となって，永遠にホワイトハウスの方向を向いている。

こういう人物の発する言葉は歴史の重みを引きずり，重厚かつ壮麗でなくてはならない。そのレトリックは極度に研ぎ澄まされ，一点のくもりもあるはずがない。発想は常に天下国家の命運や，人類の行く末をめぐるものでなくてはならない。歴代の大統領は，多

かれ少なかれこうした神格化のプロセスに曝されてきたし、自分でもそのことを意識していた。現代ではジョン・F・ケネディがその顕著な例であろう。「We observe today not a victory of party but a celebration of freedom...」という言葉で始まる1961年1月の就任演説は、歯切れよく、新大統領の若々しい活力を伝えるものであったが、同時に大統領の歴史的な役割を強く意識したものであった。

　ケネディ大統領の言葉の多くは象徴性に富み、末永く人々の記憶にとどまっている。それはアメリカだけのことではないらしい。2001年9月のテロリストによる攻撃が起こった直後のことである。オーストリアのザルツブルクで発行される新聞「Salzburger Nachtrichten」紙は、一面に掲載された社説で次のように述べた。「ジョン・F・ケネディの有名な言葉—「Ich bin ein Berliner」—の精神を思い起こし、いま私たちは「We are Americans.」と言わねばならないのではないだろうか。私たちはアメリカと同じ船に乗っている。世界貿易センターとペンタゴンを攻撃した空飛ぶ爆弾は、疑いもなく私たちの西欧文明を攻撃目標にしている」。ケネディは1963年に暗殺されたが、死後40年近くたってもその言葉は忘れ去られていなかった。それどころかアメリカが危機に直面したときに、むかしの言葉は連帯感をよびおこし、テロ攻

撃に対処しようとしていたアメリカに援護射撃を与えることになった。そのことを考えると，大統領の言葉は，国家の安全保障にとっても大事な役割を果たしていると言えるのではないだろうか。

ケネディに続いたジョンソンも，大きなビジョンと壮大な言葉の大統領であった。その言葉は重々しいなかに理想主義をたたえて力強い。自意識も巨大で，その意識にふさわしい「偉大な社会」構想などを打ち出した。グレート・ソサエティ構想のもとに，国内の貧困撲滅作戦や職業再訓練計画などを推し進めた。あるいは公民権法を通過させて，国家権力によって人種差別を解消しようとした。学校での人種統合を行って未来のアメリカの人種差別をなくすために，学校区間の通学バスの相互乗り入れまで強行した。また荒れはてた都市は犯罪の温床であるとして，連邦政府の資金をつぎ込んでスラムを除去し，高層住宅を建てた。都市再開発と呼ばれた市街地の整備と近代化がはかられた。

これらの措置はいままで遠慮がちに存在していた連邦政府やその委員会の権限を拡大することにつながった。すなわち巨大化した社会問題に立ち向かうために，アメリカは巨大な連邦政府をつくり上げ，政府をして「悪」に対する戦いを挑ましめたのである。その頂点にいたのが大統領であった。ケネディやジョンソ

ンの輝きは，このようなしくみが人間の不幸を次から次へと消し去っていくとする，理想主義ゆえに生まれたものであろう。特に1960年代という時代には，まだ楽観的な雰囲気がみなぎっており，こうした理想主義の頂点に立つ大統領はさっそうとして姿かたちがよく，大統領の述べる言葉も力強かった。

強大な産業の輝き

歴史のかなたの大統領はともかく，近代になって以来の大統領の輝きは，背景にあるアメリカの経済力が原因でもある。すでに19世紀の終わりになると，アメリカのGDP（国内総生産）はイギリスを追い抜き，フランスとドイツのGDPの合計よりも大きなものになっていた。世界最大の産業国の出現であり，その後の100年間はアメリカの物量や産業力に匹敵する国家は現れることがなかった。

産業大国の出現にはさまざまな理由があろうが，ひとつには大量生産・大量消費のシステムが世界に先駆けて確立されたことをあげねばならない。たとえばかつてヨーロッパでは，自動車は熟練職人が手作りで製造する贅沢品であり，富裕階層しか入手できなかった。しかしヘンリー・フォードの流れ作業による自動車製造に代表されるように，アメリカで自動車が大量生産された結果，労働者の年収のおよそ半分くらいの

価格で入手できるようになった。時計や衣服,洗濯機や住宅までもが大量生産され,多くの民衆が比較的容易に産業製品を入手するという時代が出現した。

世界最大の経済大国は,物の民主主義を実現した国でもあった。第一次世界大戦に参戦した当時のアメリカの大統領,ウッドロー・ウィルソンは,強力な産業力と物的に豊かな社会という背景を背負って,「戦争を終わらせるための戦争」に参戦したわけである。

アメリカの大量生産を支えた要素に科学技術があったことも注目に値する。エジソンの発明はよく知られたところだが,同じく19世紀の中葉にジョン・ロックフェラーは当時最新の蒸留技術を用いて原油を精製し,石油産業を打ち立てて,自動車に代表される内燃機関(ガソリンエンジン)の時代の下準備を行った。タイプライターの発明は事務作業の合理化を促したし,電話の発明は広大なアメリカの距離の克服に力を発揮した。第二次世界大戦前夜のナイロンの発明により,自然界にたよっていた繊維の供給源を人間が支配することができるようになった。

科学技術を用いた発明は,発電機や電話などのハードウェアだけではなかった。ソフトウェアの分野でも多くの開発が行われた。フレデリック・テイラーはストップウォッチを持って工場労働者の行動を逐一計測し,合理的な人員配置と製造工程を考案した。テイ

ラーメソッドあるいは科学的製造方法と言われたテイラーの理論は、生産性向上に大いに寄与し、その理論は今日の経営学の基本となっている。第二次世界大戦のころには資源と人員の合理的な配置を決めるために、オペレーションズ・リサーチやシステムズ・エンジニアリングなどの発想が生まれ、これは戦後の社会にも応用されることになった。

　豊かな生活を打ち立てるしくみをつくったのはアメリカだけではなかったが、それにしても物の民主主義と相まって「科学技術と大量生産」という組み合わせは、すぐれてアメリカ的な社会現象であった。現象はまたたく間に世界に広まり、20世紀は科学技術が豊かな生活を支えるという様相を帯びることになった。ジョンソンが「偉大な社会」と言ったときに念頭にあったのは、こうした流れの最先端にあったアメリカであったし、ケネディが就任演説のなかで「東西陣営は恐怖ではなく科学のもたらす成果を利用すべきである。共に空の星を探検し、砂漠を征服し、病気を消滅させ……」としているのも、科学ひいては人間の知恵こそが人類の幸福を増大させるとする考え方にもとづいている。その言葉通り、ケネディは月の世界へ人間を送り込むというアポロ計画を発足させている。

　アメリカの大統領はこのような科学技術文明の力の上に立ち、民衆の生活を豊かにしたり、社会悪を是正

大きな政府の栄光

近代のアメリカにはもう一つの流れがあったことも見逃すわけにはいかない。すなわち強大な力をもつようになった産業界に対して、国民を代表する中央政府を動かし、政府をもって規制をかけようという動きである。それは民衆の名による弱者保護という理想であり、大統領はこうした動きの頂点に立つ存在でもあった。

20世紀の始まりのころに、革新主義 Progressivism と称する大きな運動が始まった。それは資本主義の行き過ぎに対して合衆国政府を介入させるという社会・政治運動である。それまでのアメリカの産業活動は野放し状態であり、言わば自由放任のなかでの自由競争が行われていた。それは産業の発展と活力を生む源泉であったが、さまざまな社会悪の源でもあった。移民労働者の酷使、児童労働の横行、女性や人種差別、社会的弱者の切り捨てなどが行われていた。あるいは食肉に病気で死んだ家畜の肉を混ぜるなどの、不誠実な商慣行が横行していた。民衆の声を受けて、連邦政府は重い腰を上げ、連邦州際通商法、食肉薬品法、独占禁止法などのさまざまな規制をもうけ、産業

活動の監視と管理に乗り出した。

連邦政府による規制は1930年代のニューディール政策でさらに強化された。ニューディールを遂行したフランクリン・ローズベルト大統領が，証券取引法や銀行法，連邦通信法などの規制法を矢継ぎ早につくってアメリカ経済を救済すると同時に，弱者保護をはかったことはよく知られるとおりである。これらの法律を実施するために，規制機関である委員会（FTC, FCC, SECなど）が多数つくられたので，実業家向けの「エスクワイア」誌はリンカンのゲティスバーグでのスピーチの言葉をもじって，「いまやアメリカは委員会の，委員会による，委員会のための政府と化した」と嘆いた。

長期間にわたったニューディールは民主党政権が実施したが，日本はこうした政権の率いる国家に対して戦いを挑み，結果として敗戦に続く占領があった。アメリカによる占領政策が特にその初期の段階においてニューディール的であったのは，決して偶然ではない。平和憲法が制定されたし，大企業は「非民主的」であるとして財閥解体が行われた。広大な土地を一部の地主が所有するのは社会正義に反するとして農地解放政策が実施された。教育制度の改変や女性の地位の向上，民法上の家の制度の廃止などが中央の指令で行われたのは，ニューディール的理想主義にもとづいて

いる。

　こうした政策の背後にあるのは，中央政府による合理的社会計画によって貧困や経済の破綻は解決できるとする発想である。アメリカでも経済学のケインズ理論を用いて不況を克服しようという努力がなされたし，農業の科学的管理を行って貧農の助けとしようとした。理論的な管理体制をしいて，人間社会の諸問題に対処しようとする思想はすぐれてニューディール的だが，このような計画立案のために政治家以外の知識人が政策の策定などに参画するようになり，これをブレーントラストと称した。

　同じ民主党に属するケネディやジョンソンは，このような体質をもったニューディールの伝統を受け継いだわけである。政権にはブレーントラストをつくるべく，ハーバード大学やブルッキングス研究所などの多くの研究機関から人材を得ることになった。いわゆる「the best and brightest」がワシントンに結集して，行政府の仕事を進めていった。1950年代のアメリカでは共産主義者への弾圧から始まった赤狩りなどの影響もあって，知識人は沈黙を守るという姿勢を保っていたが，ケネディの時代になってふたたび日の目を見ることになった。ケネディの周りに集まった知識人たちのことを，「ケネディ・インテレクチュアル」などという。「知性」が「民衆」のために政策を立案する

という発想の復活であった。日本に派遣されたエドウィン・ライシャワー大使はハーバード大学の日本歴史の教授であったし，インドに派遣された大使は同じハーバード大学のジョン・ガルブレイス教授であった。

19世紀までのアメリカでは，地方政府や州政府はあっても連邦政府は比較的影の薄い存在であった。あってなきがごとき存在だったと言える。しかし20世紀のアメリカは，民衆の福祉の名において連邦政府が巨大になった時代である。それはすぐれて「大きな国家」の時代でもあった。しかもその大きな国家は民衆の福祉の擁護という理想主義ないしは錦の御旗を掲げていたのである。このような巨大で正義感にあふれた連邦政府を代表するのが，20世紀の大統領の顔である。

変調をきたした理想主義

巨大で正義感にあふれた国家は，その正義のために戦争をする国家でもある。実際の理由はともあれ，20世紀のアメリカは，高い理念を掲げながら世界の悪の退治に乗り出した。しかも敗北を知ることがなかった。第一次世界大戦や第二次世界大戦は，連合国側の圧倒的な勝利に終わり，アメリカが掲げていた「正義」はまことに妥当なものに見えることになった。第

二次世界大戦後の世界とは，こうした正義を頂にすえた世界でもある。

アメリカの大統領はこのパックス・アメリカーナの頂点に立つ人物でもある。そしてアメリカが参戦するたびに威光は増していった。その輝きは世界的規模に拡大したというわけである。第一次世界大戦の最中のことであった。ウッドロー・ウィルソン大統領の掲げたさまざまな理想主義は世界のすみずみにまで行きわたっていたらしく，ヨーロッパアルプスのピレネー山脈の農家では，イエス・キリストの肖像画のとなりにウィルソンの肖像画が掲げられていたという。「抑圧された人々の解放」などという言葉は，多くの人々に一筋の希望を与えるものだったのであろう。

そもそも戦争と大統領の輝きは対をなしている。ジョージ・ワシントンは独立戦争を勝ち取った名将軍であったし，エイブラハム・リンカンは南北戦争を遂行して勝利を収めた。リンカンの信念であった国家の統一や奴隷制度の廃止は，まことに当然な正義の実施と考えられた。セオドア・ローズベルトは大統領になる前にスペインとの戦争に参加して英雄となった。その19世紀末の米西戦争の結果として，アメリカはプエルトリコやフィリピン諸島などの旧スペイン領を入手して，海軍大国への道筋をつくった。軍事国家の栄光は，大統領の栄光でもあった。

もともと大統領は「ミスター・プレジデント」であり、さほど偉大ではない存在のはずであった。大統領の助手にあたる閣僚たちも日本語では「長官」となるが、英語では secretary であり、各部門の取りまとめ役にすぎない。しかし歴史のなかで大統領の神格化が進んだし、国家的な危機に見舞われるたびに大統領のパワーアップが起こった。1910 年代の作家ランドルフ・ボーンは、「War is the health of the state.（戦争は国家にとっては栄養のもと）」と述べて、戦争ごとに肥大化する国家を皮肉ったが、南北戦争や米西戦争、第一次世界大戦や第二次世界大戦などは、こうした流れを決定的なものにした。そしてすでに述べたように、19 世紀から 20 世紀にかけてアメリカの生産力や科学技術が進展し、連邦政府の権力の増大などが起こるにつれて、合衆国政府とそれを代表する大統領は巨人として君臨することになった。

　ところが最近になって、こうした流れに変化が生まれる。ベトナム戦争の敗北がきっかけであった。ベトナム戦争はケネディ大統領のときに深入りが始まって、ジョンソン大統領が北爆を開始して大がかりな戦争となった。フランスが手を引いたあとのインドシナ半島に、自由主義圏に友好的な「民主主義国家」を設立し、南下する共産主義勢力を「封じ込め」ようというものだった。しかしベトナムの民族的な感情とから

んだ抵抗勢力はねばり強くふみとどまり,共産主義勢力と共闘してアメリカ側を敗北に追い込んだ。最終的な和平協定に調印したのは,リチャード・ニクソン大統領であった。

ベトナムには新聞,テレビの記者が派遣されて,戦争のようすが盛んに報道された。歴史上初めて,自宅にいながらにして血なまぐさい殺戮のようすを見ることになった。しかも見えていたのは負け戦であったから,戦争に反対する大規模な運動が沸き起こった。特に若者層を中心にして反戦運動は激しさを増していき,国内が騒然となるという事態となった。ジョンソン大統領は,このような事態をふまえて大統領再選を断念するにいたった。

このころである。アメリカがなすことがすべて正しいとは限らず,アメリカの道は必ずしも「正義」の道ではなかったのではないか,と人々が疑念をもち始めたのは。このような疑念はベトナム戦争遂行の当事者と考えられたペンタゴンやホワイトハウス,アメリカの産業界やCIA,合衆国議会などに向けられたが,さらには「アメリカ」というシステム,アメリカ的価値観,アメリカの歴史の在り方なども対象となった。そして神聖な「アメリカ」は,多くの心のなかで不確かなものとして揺らぎ始めた。またその延長線上にある「近代」や,近代的価値観も,怪しいものではな

かったかという反省が生まれた。

　ベトナム戦争の終わるころ，コロラド州コロラドスプリングズにある空軍士官学校を訪れたことがあるが，そこの戦術担当の教官が，アメリカの敗北の原因をまとめて次のように述べたものである。「結局アメリカのジェット機は速すぎてベトナム解放民族戦線に対抗できなかったのだ」と。

　アメリカは科学技術のかたまりとも言えるジェット戦闘機をあやつり，ジャングルにひそむゲリラを追い出すためにこれまた科学技術の成果である枯葉剤などを散布したが，戦争には敗北した。戦場に落とし穴を掘る竹ヤリ組が，高度技術をあやつる側を打ち負かしたのである。ジェット機は速すぎてゲリラの頭上をかすめ飛んだだけであった。

　これは，近代技術の限界を物語る事件であった。反戦運動のなかで民衆が漠然と感じていたことが現実となった。また同時にこれは，ニューディール的発想の行き詰まりを示してもいた。よかれと考えて計画立案された政策が，必ずしも目的を達していないことが徐々に判明してきたのである。ハイテクノロジーを用いても，政府介入による管理体制をもってしても，貧困撲滅や人種間の平等は達成できなかった。有名大学の学者の立案したベトナム戦略は，結局速すぎたジェット機のように現実には使い物にならなかった。

偉大な社会の理想は高かったが，現実にはさまざまな問題が出ていた。学校バスの相互乗り入れは人種の平等や統合には必ずしもつながらず，クラスのなかでは依然としてヨーロッパ系とアフリカ系が分かれたままだったりした。犯罪を根絶すべく都市のスラムは除去されたが，高層住宅に入居した人たちは，スラムに付きまとっていた問題をそのまま持ち込んでしまった。アパートの15階に売春婦が出現したり，エレベーターのかげに物取りが隠れているといった始末であった。これを指して，横のスラムが縦になっただけだ，などという批判が出るようになった。

ベトナム戦争とニューディール的発想の基本思想はおどろくほど似ている。たとえばベトナムでは戦略村構想と称して，村落にブルドーザーを入れて家々をつぶしてから，住民のために中層ビルからなるアパート群を建てた。近代建築を提供することによってベトナム解放民族戦線の工作員の侵入を防ごうとした。これはアメリカ本国でのスラム除去発想の焼き直しであった。しかし工作員は近代建築の5階にも出没した。

1960年代から70年代にかけてのベトナム戦争あたりから，アメリカや近代，科学技術やそれを支えた知性，偉大な国家や大統領などのイメージが，色あせたものに変化していったのである。大統領がもっとも輝いていたケネディとジョンソンの時代に，その巨大な

権力が色あせ始めるというのは,近代の歴史の皮肉というものであろう。

落ちた偶像

ニクソンは過渡期を生きた大統領である。一方において民衆的な体質を自らのなかに強く宿しながら,他方において the imperial President と言われるくらいに偉大さをよそおったのは,個人の性格によるところも大きい。しかし歴史の潮流が帝王ニクソンと小心者ニクソンをつくりあげていた側面も見逃すわけにはいかない。第二次世界大戦後の世界で向かうところ敵のなかったアメリカは,ベトナムという思いもかけない方向からのゲリラ攻撃を前にして,外側も内側もゆれ動いていた。

本書のプロローグに登場していただいたルクテンバーグ教授は,最近のテロ攻撃のあとの講演で,「戦争というものは予想だにしなかった副産物を生み出す」として,次のように述べている。

If there is one generalization a historian can make about the social impact of war, it is that war brings about permanent changes that few intended in declaring war or in recognizing the existence of a state of war. World War I brought us women's suffrage, prohibition, daylight savings time, and an influenza epidemic that took half a million lives. World War II brought us radar, sonar, penicillin, the atomic bomb, and the withholding tax.

（戦争のもたらす社会的影響について歴史家としてたった1つだけまとめて言えることがあるとすれば，それは戦争を宣言したり戦争状態を認知したときには誰も予測しなかったような永遠の変化が，戦争によってもたらされるということだ。第一次世界大戦は女性の参政権や，禁酒法，夏時間や50万人の命をうばったインフルエンザの流行をもたらした。第二次世界大戦は私たちにレーダーやソナー，ペニシリン，原子爆弾，天引きの所得税などをもたらした）

この言い方にしたがえば，ベトナム戦争は権力や伝統，知性，国家，愛国心などに対する疑いを生じさせ，既存の文化に対抗しようというカウンター・カルチャーの流れを生み出したことになる。それは2度にわたった世界大戦や，20世紀に入ってからアメリカが築き上げてきた way of life に対する内側からの反省でもあった。

ニクソン大統領はウォーターゲート事件が引き金に

なって大統領職を辞任するが，現職の大統領がその座を去るという事態はアメリカの歴史上初めてのことであった。しかもマスメディアや民衆のあげた声が功を奏したふしがあったから，この事件は民衆による権力者の引きずりおろしと考えねばなるまい。偶像はその台座から綱をかけて引きずり下ろされたのだが，それはレーニン像が引きずり下ろされるよりも20年ほど以前のことであった。

　ニクソン大統領に続いたのはフォード大統領であったが，言わば国民から選ばれなかった大統領である。大統領の辞任や死亡などが起こった場合には副大統領が取って代わる，というのが合衆国憲法の規定である。しかしニクソンの副大統領スピロ・アグニューは政治資金スキャンダルですでに失脚していたため，憲法の規定にしたがって合衆国議会が仲間の議員のなかから副大統領を指名していた。それがミシガン州選出のフォード議員であった。フォードは万事に控え目で，ジョンソンなどからは「アメフトをやりすぎた男」などと評価されるくらい，大統領の栄光からは遠い存在であった。さらにその庶民性がさらけ出されて，大統領といえども自分でトーストを焼くことが判明した。パジャマ姿で朝の新聞を取りに現れたり，議事堂の入口でつまずいて転ぶことがあり得るとわかった。大統領は神話の世界から出て，人々の前に普通の

人間としての顔をさらけ出すようになったのである。

　このような大統領の末期に，アメリカ合衆国は建国200年祭を迎えている。7月4日の独立宣言発布が祭典の中心であり，その日のために打ち上げ花火が用意されたり，「アメリカの元祖」ピューリタンたちを運んだメイフラワー号が複製されて展示されたりした。通常であったならこれは巨大なアメリカの祭典になるはずであった。しかしすでにこのときには何ものかが失われていた。国民のあいだで建国祭は話題にされることすら少なく，不発のままで1976年が過ぎ去って行った。200年祭をあてこんで百貨店などは特別売り出しを企画したりしたが，売れ行きはかんばしくないまま終わった。当時経済成長期にあった日本からだけは買い物ツアーがさかんにアメリカを訪れていたらしく，「ニューヨークタイムズ」などは「これは200年祭 bi-centennial ではなくて，buy-centennial にすぎない」などと皮肉ったくらいである。このような事態は，単なる経済の不況による盛り上がりの欠落というよりは，アメリカや大統領がその輝きを失い始めていたことと深い関係があったと思われる。

　フォードに続くカーター大統領は，なおさら普通のアメリカ人としての顔をもち，自ら偶像を打ち壊して見せた。そのカーターも大統領の栄光と citizen-king のあいだで悩み，それゆえに突然のように山にこもっ

てから本書で検討したスピーチを行うことになったが，本能的に偉大な大統領の時代が終わったことを知っていた。1977年，大統領就任式の最中のことである。お歴々を乗せた車の行列が国会議事堂からホワイトハウスに進んでいる途中，カーターは車から突然降りた。そしてロザリン夫人と手をつなぎながらホワイトハウスまで歩いてしまった。議会からホワイトハウスまでは一直線状にペンシルバニア通りが続いているが，それでも歩けば小一時間はかかる。沿道の群集はヤンヤの喝采を送って新しい大統領に話しかけようとしたし，警備担当者がパニックにおちいったのは言うまでもない。歩くということで庶民性を強調したものと思われる。

1981年に登場したレーガン大統領も，さまざまな事件に巻き込まれながらも人気がおとろえなかったのは，ひとえにその庶民性のゆえであったろう。土曜日にはラジオで国民に語りかけたと述べたが，そのときの初めの言葉は決まって"Nancy and I..."であった。「実は家内と私がね……」と話が始まるというのは，いかにも人間臭い。というよりも，近所のおじさんのようで庶民的な親しみがもてる。大統領になって間もなくホテルの入口で暴漢に襲われるという事件にあったが，担ぎ込まれた病院で手術が行われようとしたときのことである。鋭利なメスを持って大統領の体

に近づいた医師に対して曰く,「あんたまさか民主党員ではあるまいね」。レーガンは民主党の現職大統領カーターを破って登場した共和党のホープであった。

ホピの書

私たちは最近になって,大量生産・大量消費といったいかにもアメリカ的な産業の在り方に疑問符が突きつけられ,環境保護やリサイクルなどさまざまな論議が起こっているのを知っている。科学技術万能主義についても,反省の弁が聞かれるようになって久しい。物だけが人間を幸せにするのではないことも周知の通りである。さらには,国境を越えた商取引や情報の流れのなかで,「国家」の妥当性についても疑問が呈されていることを感じている。

20世紀的な奢りを捨てて,物質的な豊かさだけを追求することに疑問を感じることができるようになったのは,21世紀に生きる人間の知恵というものであろう。ただアメリカ大陸には先覚者がいた。古代からアメリカに住むネイティブ(アメリカ・インディアン)たちは,自然との共存をはかり,むやみに富を追求することを避けて,数千年にわたる持続可能な経済システムを維持してきた。アリゾナ州などの西部地方にホピ・インディアンと言われる人々がいるが,その

人々が伝承してきた『ホピの書 The Book of Hopi』というのがある。そのなかに合衆国大統領に宛てた公文書が収録されていて、一部に次のような表現がある。「あなた方の政治・社会の在り方には悪の何ものかがひそんでいる。なぜならあなた方がこの地にやってきて以来、私たちは苦しみを味わった末に、あなた方のテーブルからこぼれ落ちるパンくずを拾って生きる存在に成り下がったからである」

これはアメリカ内部からの告発ないしは忠告であろう。ベトナム戦争は外部からの告発であったろう。そして「ナインイレブン」(2001年9月11日)では、さらに身近なところで警告が発せられた。ナインイレブン(911)というのは、アメリカでは火事などの緊急事態の連絡用の番号であることに留意したい。アメリカが従来どおりの「アメリカ」でいる限りにおいては、地球上の資源の枯渇を招き、環境を破壊しつくしてしまう。世界の多様な文化は進んだものと遅れたものに分類され、やがては一つに統一されかねない。正義や真実までもが統合され、華麗な万華鏡の世界は絶滅する……。

ジョージ・ブッシュ(父)大統領の不人気は、経済政策の失敗や優柔不断な指導者ぶりにあったと評価されるが、あくまでも表層の評価である。実際には多元化した世界のなかでのアメリカの在り方や、アメリカ

の way of life そのものに対する再定義がなされねばならなかったのに，それが不問に付されたまま湾岸戦争に突入した。しかも戦争の血生臭いようすは，国民の目から伏せられたままであった。ジェファソンはかつて「情報は民主主義の通貨だ Information is the currency of Democracy」と言ったが，そのことを心得ないままでは不信感がつのるのも当然であったろう。

　ブッシュに続くクリントン大統領は何かと型破りであり，初期アメリカの市民王 citizen-king の理想を再現したように思える。またアメリカ的価値観に疑問符が突きつけられていた 1960 年代に青年時代を過ごしただけあって，さまざまな価値観が並存する社会を許容することができた。2000 年初めの年頭教書では，次のように述べて出席していた議員団から拍手を得ていた。「まわりをご覧いただきたい。この合衆国議会の部屋のなかには，あらゆる人種，民族，宗教を背景にもつ者がいます。同意していただけると思うが，アメリカはこの多様性を擁するがゆえに力をもっているのです」

　ただし多様な価値を認めることは，その分だけ求心的な価値を否定することになる。アメリカ的なものだけがよいのではないし，アングロサクソン的な生き方だけが人生なのではない。あるいは大統領だけがアメ

リカの指導者でもない。その意味でアメリカの権威がゆらいだ時代にふさわしい大統領であった。建国間もないころに、アメリカ合衆国の名称である United States of America は単数として扱うべきか、あるいは複数として扱うべきかという議論があった。歴史の過程のなかで United States という複数名詞は単数として扱われるようになり、「国家としてのアメリカ」というイメージが固まっていった。しかし 1960 年代を経てクリントンの時代になり、アメリカはふたたび複数として考えられる気配が濃厚になっていた。

　クリントンに続いたブッシュ（子）大統領も、その人柄や教養の程度から言って民衆の選んだ代表にまことにふさわしい人物であった。しかし「ナインイレブン」が居丈高な大統領を生んだ。非常時にアメリカは一丸となる、という法則があるが、テロ攻撃に曝されたアメリカは、国内の異論や異見をすべて抑え込んで、敵対的と思われるグループの根絶作戦に乗り出した。父親がおちいった自己定義の罠みたいなものに、子供がふたたびはまり込んだのである。

　アフガニスタンの「敵対勢力掃討作戦」が一段落した 2002 年早々のことである。テロ攻撃に対する戦いを「新しい戦争」とするブッシュ大統領は、世界の支持を得るために諸国を訪問した。ベルリンを訪れたときのことである。アメリカやその同盟国による軍事力

動員に反対する市民たちが，大規模なデモを行った。デモ隊は「Du bist keine Berliner.」という看板を掲げていたのである。「お前はベルリン市民ではない」というのは，かつてのケネディの「私もベルリン市民です」を裏返したものであり，アメリカの大統領に対する皮肉の気持と，非歓迎の気持が込められていた。1960年代とのちがいが際立っていた。

　これはブッシュ大統領個人に対する非難だったのだろうか。それとも大統領の政策に対する不満を表わしたものだろうか。あるいは「アメリカ」そのものの在り方に対する物言いだったか。いずれにせよここ半世紀のうちに，世界が大きく変容し，意識は多元化してかつてのアメリカやそれを代表する大統領の姿もまた変化した，というのはまぎれもない事実のようである。

あとがき

　大統領の英語は本書でたびたびふれたように，研ぎ澄まされているものが多いし，何よりも時代の精神を濃厚に反映している。英語に関心のある方々のみならず，アメリカ社会や国際社会の動向に関心をもつ者が一度はふれてみなければならない文献であろう。かつてはその文章の入手が大ごとであったが，現在ではインターネットで簡単に手に入るようになった。

　そのうちでも代表的で，安定したお薦めのウェブサイト（WWW）を，読者のご参考までに以下に掲げておく（2002年秋現在）。

http://odur.let.rug.nl/~usa/P/
オランダの大学の一部が運営。歴代大統領のおもな演説と伝記を収録。よく探せば学生の論文も載っていて，勉強熱心なのに感心させられる。

http://www.whitehouse.gov/
ホワイトハウスの公式サイト。現在のホワイトハウスの動向の参考になるし，現大統領のスピーチを多く収録。History & Toursから過去の大統領のス

ピーチを見つけることができる。

http://www.pbs.org/greatspeeches/timeline/index.html
公共放送機構（PBS）が運営。大統領だけではなく歴史上の著名なスピーチを多く収録。

http://www.ipl.org/div/potus/
ミシガン大学系の NGO による運営。スピーチの収録はないが，大統領の業績に詳しい。スピーチを収録した関連サイトのリストも豊富。

http://gi.grolier.com/presidents/ea/prescont.html
スピーチの収録はないが，歴代大統領の伝記がおもしろい。百科事典出版社の運営のため，ホワイトハウスのサイトなどと異なって記述がより躍動的。

コンピューターの操作に不慣れな方のためには古典的な印刷メディアがあるが，そのうちでも合衆国政府印刷局が編集した大統領関係の文献がお薦めである。公式文書をもとにしていて，歴史の資料として信用がおける。

Inaugural Address of the Presidents of the United States (Government Printing Office)

Public Papers of the Presidents of the United States (Government Printing Office)

　本書で用いた英文は，主として合衆国政府発行の「Public Papers of the Presidents of the United States」から引用した。英文の翻訳にあたっては，厳密な文字の置き換えではなく相当自由に訳させていただいた。原文を尊重しながらも，この大統領だったらこういう語り口だろうかと大統領の顔を思い浮かべながら訳出した。

　ところで本書は『大統領の英語』（講談社現代新書，初版 1987 年）に手を加えたものである。しかし，時代の変遷とともにアメリカの置かれた立場も，大統領のもつ意味合いも大きく変わってきたように思えるし，ことに「ナインイレブン」以降のアメリカは，かつてのアメリカではないとさえ言うことができる状況である。そこでプロローグとエピローグは大幅に書き直し，ほぼ書き下ろしに近い形となった。また初版以降に誕生したジョージ・ブッシュ（父），ウィリアム・クリントン，ジョージ・ブッシュ（子）については，新たに書き加えた。

ニクソン大統領のあとのジェラルド・フォード大統領については，紙数の関係もあって割愛せざるを得なかった。そのほかに，第1章の冒頭の数パラグラフについては，「英語教育」2002年8月号（大修館）に掲載の拙文をもとにした。ブッシュ大統領と湾岸戦争については，おなじく「軍縮問題資料」1991年11月号の発表文をもとに構成し直した。またエピローグの一部については，『20世紀〜どんな時代だったのか　総集編』（読売新聞社）に発表したものに手を加えたことをお断りしておきたい。

「ナインイレブン」を経たアメリカは姿を変えて生まれ変わりつつあるが，本書もほぼ時を同じくして生まれ変わったわけである。再生のために，タイミングよく産婆役を務めていただいた講談社の担当者に感謝したい。

　　2002年　秋

　　　　　　　　　　　　　　　　　松尾弌之

KODANSHA

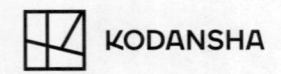

本書は，講談社現代新書『大統領の英語』
(1987年9月20日刊) を底本としました。

松尾弌之（まつお　かずゆき）

1941年旧満州（現中国東北部）生まれ。上智大学外国語学部卒業，ジョージタウン大学大学院博士課程修了。専攻はアメリカ史。ＮＨＫ，米国国務省勤務を経て，現在上智大学教授。著書に，『不思議の国アメリカ』『民族から読みとく「アメリカ」』『共和党と民主党』ほかがある。

大統領の英語
松尾弌之

2002年11月10日　第1刷発行
2022年5月13日　第9刷発行

講談社学術文庫

定価はカバーに表示してあります。

発行者　鈴木章一
発行所　株式会社講談社
　　　　東京都文京区音羽 2-12-21 〒112-8001
　　　　電話　編集　(03) 5395-3512
　　　　　　　販売　(03) 5395-4415
　　　　　　　業務　(03) 5395-3615
装　幀　蟹江征治
印　刷　株式会社ＫＰＳプロダクツ
製　本　株式会社国宝社
© Kazuyuki Matsuo　2002　Printed in Japan

落丁本・乱丁本は，購入書店名を明記のうえ，小社業務宛にお送りください。送料小社負担にてお取替えします。なお，この本についてのお問い合わせは「学術文庫」宛にお願いいたします。
本書のコピー，スキャン，デジタル化等の無断複製は著作権法上での例外を除き禁じられています。本書を代行業者等の第三者に依頼してスキャンやデジタル化することはたとえ個人や家庭内の利用でも著作権法違反です。Ⓡ〈日本複製権センター委託出版物〉

ISBN4-06-159573-3

「講談社学術文庫」の刊行に当たって

これは、学術をポケットに入れることをモットーとして生まれた文庫である。学術は少年の心を養い、成年の心を満たす。その学術がポケットにはいる形で、万人のものになることは、生涯教育をうたう現代の理想である。

こうした考え方は、学術を巨大な城のように見る世間の常識に反するかもしれない。また、一部の人たちからは、学術の権威をおとすものと非難されるかもしれない。しかし、それはいずれも学術の新しい在り方を解しないものといわざるをえない。

学術は、まず魔術への挑戦から始まった。やがて、いわゆる常識をつぎつぎに改めていった。学術の権威は、幾百年、幾千年にわたる、苦しい戦いの成果である。こうしてきずきあげられた城が、一見して近づきがたいものにうつるのは、そのためである。しかし、学術の権威を、その形の上だけで判断してはならない。その生成のあとをかえりみれば、その根はなくに人々の生活の中にあった。学術が大きな力たりうるのはそのためであって、生活をはなれた学術は、どこにもない。

開かれた社会といわれる現代にとって、これはまったく自明である。生活と学術との間に、もし距離があるとすれば、何をおいてもこれを埋めねばならない。もしこの距離が形の上の迷信からきているとすれば、その迷信をうち破らねばならぬ。

学術文庫は、内外の迷信を打破し、学術のために新しい天地をひらく意図をもって生まれた。文庫という小さい形と、学術という壮大な城とが、完全に両立するためには、なおいくらかの時を必要とするであろう。しかし、学術をポケットにした社会が、人間の生活にとってより豊かな社会であることは、たしかである。そうした社会の実現のために、文庫の世界に新しいジャンルを加えることができれば幸いである。

一九七六年六月

野間省一

ことば・考える・書く・辞典・事典

タブーの漢字学
阿辻哲次著

はばかりながら漢字で音読みにして、あいうえお順で配列。「且」は男性、「也」は女性の何を表す?「トイレにいく」は「解手」となるわけ──。豊富な話題をもとに、性、死、名前、トイレなど、漢字とタブーの関係を綴る会心の名篇。

2183

五十音引き中国語辞典
北浦藤郎・蘇 英哲・鄭 正浩編著

親字を日本語で音読みにして、あいうえお順で配列。だから、中国語のピンインがわからなくても引ける!「家」は普通「jiā」で引くが、本書では「か」に親切な、他に類のないユニークな中国語辞典。2色刷。初学者

2227

雨のことば辞典
倉嶋 厚・原田 稔編著

甘霖、片時雨、狐の嫁入り、風の実⋯⋯。日本語には雨をあらわすことば、雨にまつわることばが数多くある。季語や二十四節気に関わる雨から地方独特の雨のことばまで、一二〇〇語収録。「四季雨ごよみ」付き。

2239

日本語とはどういう言語か
石川九楊著

漢字、ひらがな、カタカナの三種の文字からなる日本語。書字中心の東アジア漢字文明圏においても構造的に最も文字依存度が高い日本語の特質を、言(はなしことば)と文(かきことば)の総合としてとらえる。

2277

日本人のための英語学習法
松井力也著

英語を理解するためには、英語ネイティブの頭の中にある、英語によって切り取られた世界の成り立ちや、イメージを捉える必要がある。日本語と英語の間にある乖離を乗り越え、特有の文法や表現を平易に解説。

2287

擬音語・擬態語辞典
山口仲美編

「しくしく痛む」と「きりきり痛む」、「うるうる」と「うるっ」はいったいどう違うのか? 約二千語を集大成した、オノマトペ辞典の決定版。万葉集からコミックまで用例満載。日本語表現力が大幅にアップ!

2295

《講談社学術文庫　既刊より》

ことば・考える・書く・辞典・事典

日本語はどういう言語か
三浦つとむ著(解説・吉本隆明)

さまざまな言語理論への根底的な批判を通して生まれた本書は、第一部で言語の一般理論を、第二部で膠着語とよばれる日本語の特徴と構造を明快かつ懇切に論じたものである。日本語を知るための必読の書。

43

考え方の論理
沢田允茂著(解説・林 四郎)

日常の生活の中で、ものの考え方やことばの使い方は非常に重要なことである。本書は、これらの正しい方法をわかりやすく説いた論理学の恰好の入門書であり、毎日出版文化賞を受けた名著でもある。

45

論文の書き方
澤田昭夫著

論文を書くためには、ものごとを論理的にとらえて、それを正確に、説得力ある言葉で表現することが必要である。論文が書けずに悩む人々のために、自らの体験を踏まえてその方法を具体的に説いた力作。

153

中国古典名言事典
諸橋轍次著

人生の指針また座右の書として画期的な事典。漢学の碩学が八年の歳月をかけ、中国の代表的古典から四千八百余の名言を精選して、簡潔でわかりやすい解説を付したもの。一巻本として学術文庫に収録する。

397

文字の書き方
藤原 宏・氷田光風編

毛筆と硬筆による美しい文字の書き方の基本が身につく。用具の選び方や姿勢から字形まで、日常使用の基本文字についてきめ細かに実例指導をほどこし、自由自在な応用が可能である。

436

論文のレトリック わかりやすいまとめ方
澤田昭夫著

本書は、論文を書くことはレトリックの問題であるという視点から、構造的な論文構成の戦略論と、でき上るまでのプロセスをレトリックとして重視しつつ論文の具体的なまとめ方を教示した書き下ろし。

604

《講談社学術文庫 既刊より》